지구촌 하늘 여행의
멋진 동반자

항공 승무원

항공 승무원

지구촌 하늘 여행의 멋진 동반자

초판 1쇄	2017년 5월 26일
초판 4쇄	2023년 12월 26일

지은이	정진화·이자영
본문일러스트	박현지

출판책임	박성규	펴낸이	이정원
편집주간	선우미정	펴낸곳	도서출판 들녘
편집	이동하·이수연·김혜민	등록일자	1987년 12월 12일
디자인	하민우·고유단	등록번호	10-156
마케팅	전병우	주소	경기도 파주시 회동길 198
멀티미디어	이지윤	전화	031-955-7374 (대표)
경영지원	김은주·나수정		031-955-7381 (편집)
제작관리	구법모	팩스	031-955-7393
물류관리	엄철용	이메일	dulnyouk@dulnyouk.co.kr

ISBN	979-11-5925-252-5(14370)

지구촌 하늘 여행의
멋진 동반자

항공 승무원

정진화·이자영 지음

푸른들녘

 초심(初心)으로 돌아가 초심(初心)에게

저는 승무원이 되기 위해 많은 시행착오를 겪었습니다. 대학 졸업 전 외국 항공사 승무원이라는 직업을 접하게 되었고, 아무런 준비 없이 면접을 보았는데요. 결과는 당연히 낙방이었습니다. 그래서 바로 다른 직장에 취직하여 1년 동안 무난하게 직장 생활을 했어요. 그 후 저는 영어 강사 생활을 하면서 가끔 취미처럼 승무원 면접을 보러 다녔답니다. 하지만 구체적인 계획과 노력 없이 도전하다 보니 결과가 좋지 않았어요. 시간만 허비한다는 생각에 일하는 시간을 줄여가며 마지막으로 도전해보자고 결심하고, 그때부터 면접 스터디와 영어 공부에 집중했지요. 공채 모집이 언제쯤 있을지도 몰랐고, 매달 면접이 있는 것도 아닌 터라 장기간 준비하는 것이 결코 쉬운 일은 아니었습니다. 하지만 제 인생을 놓고 보니, 그 당시가, 저로서는 가장 열정적으로, 누가 시키지 않았는데도 가장 열심히 뭔가를 위해 준비했던 시기임이 분명하더군요. 몇 만 명이나 되는 도전자들을 보며 사기가 저하

되기도 했고 때론 자신감이 떨어지기도 했지만, 수차례 면접을 보면서 느끼고 배웠던 점은 정말 많습니다. 그 과정은 그야말로 나 자신과의 치열한 싸움이었어요. 자신감이 없으면 내가 가진 능력이나 장점을 면접관에게 하나도 보여줄 수 없다는 것도 깨달았지요. 면접에서는 '수많은 경쟁자들을 물리쳐야겠다'라는 각오보다 '나 자신을 얼마나 잘 보여줄 수 있는가?'에 집중해야 하는 시간이라는 것도 깨달았고요.

저의 승무원 경험이 엄청나게 길지는 않지만 먼저 이 분야에서 일하고 있는 선배로서 여러분에게 제가 겪었던 면접 경험 및 비행 경험을 공유한다면 여러분이 나중에 이 일을 준비할 때 혹은 저와 같은 일을 시작했을 때, 좀 더 구체적인 계획에 따라 준비하고 일하며, 시행착오를 줄일 수 있지 않을까 하는 마음으로 이 글을 쓰게 되었습니다.

저의 말 한마디가 누군가에게 도움이 되고 꿈을 그릴 수 있는 밑그림이 된다면 정말 뿌듯할 것 같습니다. 하지만 누군가가 지나갔던 길이라 해서 꼭 정답은 아닐 겁니다. 반드시 똑같은 길을 가야만 되는 것도 아니고요. 우리 앞에 놓인 길은 참 많습니다. 잘 닦인 아스팔트도 있고, 꾸불꾸불하고 자갈투성이인 길도 있지요. 그럼에도 같은 목표를 가진 사람이 지나갔던 길이라면 한 치 앞도 알 수 없는 어두운 길이 아니라 가로등이 있는 길 같지 않을까요?

이 책이 승무원이 되고 싶은 친구들에게는 길을 비춰주는 가로등 역할을 했으면 좋겠고, 승무원이 어떤 일을 하는지 전혀 알지 못하는 친구들에게는 "아, 승무원은 이런 일들을 하는구나" 하는 이해의 폭을 넓혀주는 계기가 되었으면 좋겠습니다. 또 한편으로 저는 여러분에게 "어떤 직업을 선택하기에 앞서 많이 경험하고, 많이 느껴보라"고 이야기하고 싶습니다. 그 과정에서 가슴이 쿵쾅쿵쾅 뛰며, 열정을 품을 수 있는 일을 찾게 될 테니까요.

승무원이란 꿈을 이룬 제가 보았던 다양한 세상을 여러분도 직접 두 눈으로 보게 되기를 희망합니다. 저는 개인적으로 이번 글쓰기를 통해 제 자신을 돌아볼 수 있게 되어 참 좋았어요. 떨리는 마음으로 승무원을 준비하고, 또 처음으로 승무원 일을 시작했던 그때 그 시절의 초심으로 돌아갈 수 있었거든요. 멋진 승무원이 되어 다시 만나요!

연두색이 예쁜 초여름,
정진화 승무원

승무원의 세계로 한 걸음 더!

저는 어린 시절 해외에서 거주하며 다양한 나라의 외국인 친구들과 같이 지냈습니다. 그때부터 자연스럽게 스스로의 미래에 대해 많은 생각을 하게 되었는데요. 고등학교 시절을 한국에서 보내면서 점차 제 미래에 대한 고민이 구체적으로 이어졌답니다. 그러던 중 제가 가진 능력 가운데 어떤 점을 살릴 수 있을까 생각하다가 "아, 나는 외국에 가서 취업해야겠다!"라고 목표를 정하게 되었지요. 그러고는 대학을 다니면서 스물한 살부터 면접 경험을 쌓기 시작했습니다.

외국 항공사 승무원은 제가 가진 성향과 환경, 그리고 적성이 잘 어우러진 직업이었어요. 비록 면접의 길이 쉽지는 않았지만 저는 목표를 이루기 위해 끊임없이 노력했답니다. 다양한 면접 경험을 통해 발전된 점은 굉장히 많습니다. 영어 인터뷰 실력뿐 아니라 승무원의 직업에 더 잘 어울리는 성향과 성격을 갖추고자 노력했고, 그에 맞는 외적 이미지와 내적 이미지까지 완벽히 갖추고자 매일 노력했거든요.

그 결과, 현재 저는 원하는 항공사에서 승무원으로 즐겁게 일하고 있으며, 승무원의 꿈을 이루고자 노력하고 준비 중인 많은 지원자들을 지원하는 업무 중 하나로서 '인터뷰 강사' 일도 병행하고 있답니다. 승무원을 꿈꾸는 여러분에게 선배로서의 이모저모 이야기를 담아 들려주기도 하고요.

승무원은 멋진 직업이지만, 곁에서 보는 것만큼 화려하기만 한 직업은 아닙니다. 승객에게 최선의 서비스를 제공하기 위해 기내에서 그 누구보다도 열심히 뛰어다녀야 하고, 무엇보다 승객의 안전을 책임져야 하고, 출발 전부터 도착 후까지 비행기 안에서 일어나는 모든 일을 조정해야 합니다. 동료들과 협업하면서 승객에게 편의를 제공해야 합니다. 한마디로 비행기라는 특별한 환경에서 비행시간 내내 끊임없이 노력해야 하지요.

저는 이 책을 통해 승무원이란 직업을 구석구석 알려주고 싶었습니다. 어떤 준비 과정이 필요한지, 어떻게 노력해야 하는지, 승무원이 되고 나면 현장에서 어떤 일을 하는지⋯⋯ 등등에 대해서요.

여러분, 자신이 세운 목표에 한층 더 가까워지려면 반드시 준비해야 것들이 있답니다. 특히 노력을 기울여야 되는 부분도 있을 테고요. 자신의 꿈에 도전하기 전에 미리 철저히 알아보고 준비한다면 어떤

목표든 당당하게 다가가서 끝내 이뤄낼 수 있을 거예요. 이 책을 읽은
여러분이 실제로 승무원의 꿈에 한층 더 가까워지길 바랍니다.

푸른 하늘을 날며,

이자영 승무원

2부
승무원 입사 미리보기

3부
항공사 승무원 면접 맛보기

1부

승무원의
세계가 궁금해

워너비 항공 승무원

항공 승무원은 정말 멋져!

미디어에서 보여주는 항공 승무원의 모습은 대개 화려하고 아름답습니다. 영화나 드라마에 나오는 승무원들은 항상 단정하고 멋진 모습으로 전 세계를 돌아다니잖아요? 물론 대부분은 비행을 시작하러 공항에 들어서는 모습과 비행을 마치고 나오는 모습, 그리고 도착지에서 근사하게 여유 시간을 즐기는 모습으로 묘사되지만요. 그 뿐인가요? 항공 승무원들은 남녀 불문 용감무쌍하게 그려집니다. 재난 영화를 보면 비행 중 사고가 생겼을 때 온 몸을 불살라 승객을 돕는 승무원이 참 많이 나오잖아요. 그래서 사람들은 은연중 '항공 승무원' 하면 '엄지 척!' 합니다.

실제로 우리 눈에 보이는 항공 승무원들의 모습도 멋집니다. 공항에 가보면 예쁜 유니폼을 입고 바쁘게 지나가는 승무원들이 많잖아요? 비행 중 만나는 승무원들도 하나같이 친절하고 아름답고요. 게다가 외국인들과도 거리낌 없이 대화하는 능력자의 모습이라니! 그래서 저도 예전에는 그들을 보면서 "우와, 멋있고 예쁘다!" 하고 감탄했

비행하러 들어가는 승무원들

답니다. 선망의 대상으로 여겨 '나도 그들처럼 되고 싶다'는 꿈을 지니게 되었고요.

승무원이 되려고 본격적으로 준비하는 동안에도 저는 이런 환상을 쉽게 저버리지 못했습니다. 주로 인터넷에서 얻은 정보나 먼저 승무원이 된 친구들로부터 들었던 이야기가 영향을 미쳤는데요. 그래서인지 승무원이 되면 어떤 일을 하는지, 어떤 전문적인 교육을 받는지 등등 실제 상황보다 부수적인 면에 더 관심이 많았던 것 같아요. 이를 테면, 승무원으로서 받을 수 있는 혜택을 듣고서 "중동항공사 승무원이 되면 5성급 호텔에 묵으면서 여유 시간을 즐길 수 있겠구나", "휴가 때는 할인 티켓을 이용해서 여행을 자유롭게 다녀야지", 혹은 "부모님 모시고 여행을 자주 다니면서 효도할 거야!" 같은 생각을 하며 내심 즐거워했으니까요. 또한 이 직업을 가지면 넓은 세상을 직접 경험하면서 다양한 사람을 만나고 싶다는 어릴 적 꿈도 이룰 수 있다는 확신을 갖게 되었습니다. 한마디로 '승무원=환타스틱하고 버라이어티한 인생'이라는 공식을 품게 된 거예요.

그런데 말입니다!

'노오력' 끝에 최종 합격 통보를 받은 날, 저는 정말 너무너무 기뻤습니다. 세상을 다 얻은 것 같았어요. 당연히 교육도 열심히 받았고, 전문인으로서 당당하기 위해 공부도 엄청 열심히 했지요. 저는 아직도 부푼 마음으로 첫 비행길에 올랐던 날이 생각나요.

첫 비행은 정말 가고 싶었던 몰디브 비행이었습니다. 설렘 반 두려움 반으로 첫 비행길에 올랐지요. 승객 수도 적었고 비행시간도 많이 길지 않았습니다. 사무장이 승객 수가 적은 터이니 연습하기 좋을 거라며 제게 갤리(주방)를 담당하게 해주었는데요. 보통 갤리 담당은 어느 정도 경력이 되거나 적어도 몇 번의 비행 업무를 수행한 후 맡을 수 있는 포지션이었으므로 처음엔 정말 당황했습니다. 하지만 언제가 해야 할 일이었기에 "배우자!"는 심정으로 포지션을 맡았어요. 아니나 다를까! 걱정했던 바가 곧 현실로 드러났습니다. 혼자서는 제대로 일을 진행할 수가 없었어요. 설상가상 선배였던 동료는 자세히 가르쳐주는 스타일이 아니라 제가 잘 몰라서 물을 때마다 "그것도 모르다니!" 하면서 혼을 냈습니다. 그때 일만 생각하면 아직도 식은땀이 줄줄 흐릅니다. 일을 어떻게 마무리했나 싶을 정도로 거의 악몽같았거든요. 그래도 우여곡절 끝에 몰디브에 도착한 후 꿈에 그리던 해변에서 좋은 시간을 보내고 무사히 돌아왔답니다. 초보 시절에는 매 비행마다 뜻하지 않은 일들도 만났고 엄청난 고비도 종종 발생했지만 좋은 동료를 만나거나 좋은 레이오버 덕분에 순간순간 고생스러움을 잊고 비행했던 것 같습니다.

물론 항공 승무원에 대한 로망이나 제가 가졌던 생각들이 다 잘못되었다고 생각하지는 않아요. 승무원으로서 해보고 싶었던 일들을 많이 했으니까요. 하지만 현실에서는 "승무원 역시 하나의 직업이다"라는 것을 깨닫게 되었습니다. 다른 직업처럼 힘든 점도 있고, 스트레스를 받는 경우도 많았으니까요. 저는 이 점을 여러분에게 꼭 말씀드리고 싶습니다. 모든 직업이 그렇듯 승무원이라는 직업에도 부정적인 면과 긍정적인 면이 있다는 것, 그럼에도 불구하고 여러분의 적성에만 맞는다면 어느 직업과도 어깨를 견줄 수 있는 일이라는 것을 말이에요.

현실 승무원의 세계

입사 후 교육(Initial Training)

실제로 기내에서 일하는 승무원이 되려면 여러 가지 과정을 거쳐야 합니다. 먼저 회사에서 정한 2~3차의 면접을 통과하면 선택된 지원자들은 입사 일자를 받아요. 국외 항공사일 경우 회사에서 제공해주는 비행기 티켓, 숙소 및 소정의 월급을 받으며 교육을 받게 됩니다. 국내 항공사는 거주지에서 출퇴근하면서 교육을 받지만, 국외 항공사에 취업할 경우엔 회사에서 제공한 호텔이나 숙소에서 머물면서 본사로 출퇴근해야 합니다.

○ 교육 기간과 과정

교육 기간은 주로 6~8주인데요. 교육의 내용은 크게 '서비스 교육', '안전 교육', '응급 처치'와 같이 서 부분으로 나뉩니다. 교육 기간에는 한 과목이 끝날 때마다 시험을 치러야 하고, 모든 평가가 끝나면 최종적으로 교육 과정을 수료하게 됩니다. 교육 받는 중 수업에 지각을 하거나 태도가 불량하거나 시험 결과가 좋지 않으면 집으로 돌아가야 하는 경우도 이따금 벌어집니다. 그러니까 "붙었으니 끝!" 하고서 교육 과정을 만만하게 보거나 해이해진다면 큰코다칠 수 있다는 뜻이지요. 저도 교육 기간 동안 정말 열심히 수업에 열중했답니다. 또한 방과 후에는 반드시 복습을 해야 합니다. 이때 소규모 그룹을 만들어 함께 공부하면서 배운 내용을 내 것으로 만들고, 차근차근 시험에 대비하는 것이 좋습니다. 그래야만 무리 없이 시험을 치를 수 있어요. 평가 유형은 필기와 실기로 나뉩니다.

○필기시험

필기시험은 주관식도 있고 객관식도 있어요. 회사에 따라 문제의 유형은 다르지만 배우는 내용이 거의 같아서 그런지 문제도 비슷합니다. 한번 살펴볼까요?

Q: 문을 열기 전에 체크해야 하는 것들을 적어주세요.

A: 문 주위에 방해물이 없는지 확인한다. 문 슬라이드 형태가 Disarm으로 되어 있는지 다시 확인한다. 밖에 있는 지상 직원이 문을 두드리고 열어도 된다는 확인 표시 손가락 엄지를 올리는 표시를 하면 이를 확인한 후 문을 연다.

Q: 비상 탈출 시 문에서 외치는 구호를 말해주세요.

A: Jump-Slide!(뛰어서 내려가!)

ㅇ 실기시험

실기시험은 특별한 상황을 던져주고 어떻게 대처하는지 확인하는 시험이 대부분입니다. 또한 기내에 있는 안전과 관련된 물품 사용법을 교관 앞에서 설명합니다. 제가 평가를 받았던 문제들 중에서 예를 들어 한 가지 말씀드릴게요. 저는 실기시험 날, 갑자기 비행기가 하강할 경우 승무원이 어떻게 대처해야 하는지를 기내 모형에서 테스트 받았습니다. 이럴 경우, 서비스를 하고 있었다면 트롤리를 바로 고정시키고, 가장 가까이에서 떨어지는 산소마스크를 쓰고 곧장 자리에 앉아야 한다는 것이 정답입니다. 머리로는 잘 알고 있어도 실제와 비슷한 상황이 주어지니 조금 당황하게 되더라고요. 하지만 침착하게 대응한다면 누구든지 통과할 수 있습니다.

ㅇ 서비스 교육

서비스 교육 과정에서는 승무원으로서 승객에게 제공해야 하는 다양한 서비스 업무를 배웁니다. 각종 서비스 물품들이 어디에 있는지, 어떻게 사용하는지, 탑승부터 비행을 거쳐 도착할 때까지 어떤 종류의 서비스를 제공해야 하는지 하나하나 교육 받습니다. 만일 신입 승무원이 이런 교육을 받지 않은 채 무작정 기내에 투입된다면 선배 승무원들에게 방해가 될 뿐만 아니라 승객들에게는 전문성이 결여된 승무원으로 보일 수 있겠지요? 물론 이론을 배웠다고 해서 "승무원이 다 됐다"고 자신할 수는 없지만, 실전에서 활용하는 데 큰 도움이 되

실제 비행 환경을 구현한 모형 기내에서 교육을 받는다.

는 과정이므로 이 역시 열심히 임해야 합니다.

이론으로 먼저 서비스 절차를 배운 다음에는 본인이 탑승할 비행기와 똑같이 만든 모형 안에서 연습을 하게 됩니다. 이륙을 기다리는 동안 승객을 어떻게 도와야 하는지, 이륙 후 서비스 절차는 어떻게 이루어지는지, 위급상황이 벌어졌을 때 어떻게 하는지, 승객의 다양한 요구사항이나 질문에 어떻게 응대해야 하는지, 기내식은 어떻게 준비하는지, 음식을 나르는 트롤리는 어떻게 다루는지 등등 정말 많은 것을 배우게 됩니다.

○ 안전 교육

무엇보다도 중요한 것은 안전 교육입니다. 워낙 중요도가 높은 탓에 교육 시간도 많고, 그 과정에서 어떤 실수도 용납하지 않습니다. 승무원은 단지 기내 서비스를 제공하기 위해서 존재하는 사람이 아니에요. 무엇보다 모든 승객의 안전을 책임져야 하는 막중한 의무를 지녔기에 승무원은 승객들에게 안전 교육을 철저히 시켜야 합니다. 그러려면 누구보다 본인이 내용과 절차를 정확히 파악하고 있어야 하겠지요? 안전 교육의 내용이 많고 시험도 까다로운 이유랍니다. 물론 처음에는 낯선 용어와 내용들이 너무 많아서 공부할 때 스트레스를 엄청 받습니다. 하지만 겁먹을 필요 없어요. 집중해서 배우고 연습을 많이 하면 누구나 습득할 수 있거든요.

안전 교육은 크게 두 가지로 분류됩니다.

첫 번째. 비행 도중 기내에서 승무원이 처리해야 하는 안전 관련 업무를 배웁니다. 예를 들어 승객의 짐을 어디에 보관해야 안전한지, 짐을 놓아두면 안 되는 곳은 어디인지, 승객들이 스마트폰이나 노트북 등 전자제품을 언제부터 사용할 수 있는지 배웁니다. 또한 승객들이 탑승하기 전에 기내를 돌아보면서 안전장비를 체크하는 일, 비상 탈출구 통로에 앉을 수 있는 승객이 누구인지 미리 조사하여 그들에게 어떤 내용을 전달해주어야 하는지 숙지하는 일, 아기를 데리고 탑승하는 승객들에게 전달할 사항을 인지하는 것, 탑승할 때 이상한 행동을 보이는 승객이나 술에 취한 승객을 어떻게 해야 하는지도 배우지요. 탑승 시 연료를 주입하고 있을 경우 승무원과 승객들이 취해야 할 절차에 대해서도 배우고요. 이 모든 일 역시 이론으로 먼저 배운 다음 비행기 모형에서 실제로 이러한 상황이 주어졌을 경우 어떻게 행동해야 하는지 실습하고, 마지막으로 실제 시험을 통해 평가를 받습니다.

두 번째. 기내에서 발생할 수 있는 비상 상황에는 어떤 경우들이 있는지 배웁니다. 기내에 불이 날 경우, 난동을 부리는 승객이 있을 경우, 승객이 아플 경우, 기장이 쓰러질 경우, 폭발물이 발견될 경우, 기체에 결함이 생기는 경우, 난기류(turbulence)를 만나는 경우, 무장 단체나 범죄자들에 의해 비행기가 납치되는 경우 등 발생 가능한 모든 상황을 염두에 두고 대처법을 배웁니다. 이런 일들이 발생할 때 승무원들이 대처하는 과정을 매뉴얼 형태로 배운 다음, 실습을 통해서 연습하지요.

기내에 불이 난 경우는 소방관처럼 실제로 소화기를 사용하여 불을 끄는 연습을 하게 됩니다. 물론 탈출하는 법을 배우는 것도 실습에 포함되고요. 한편, 승객이 난동을 부리는 경우를 대비해서 경찰이나 경호원 등을 초청하여 호신술도 배운답니다. 어디 그 뿐인가요? 수갑을 채우는 방법도 배우고 연습한답니다. 기장이 조종실에서 쓰러지

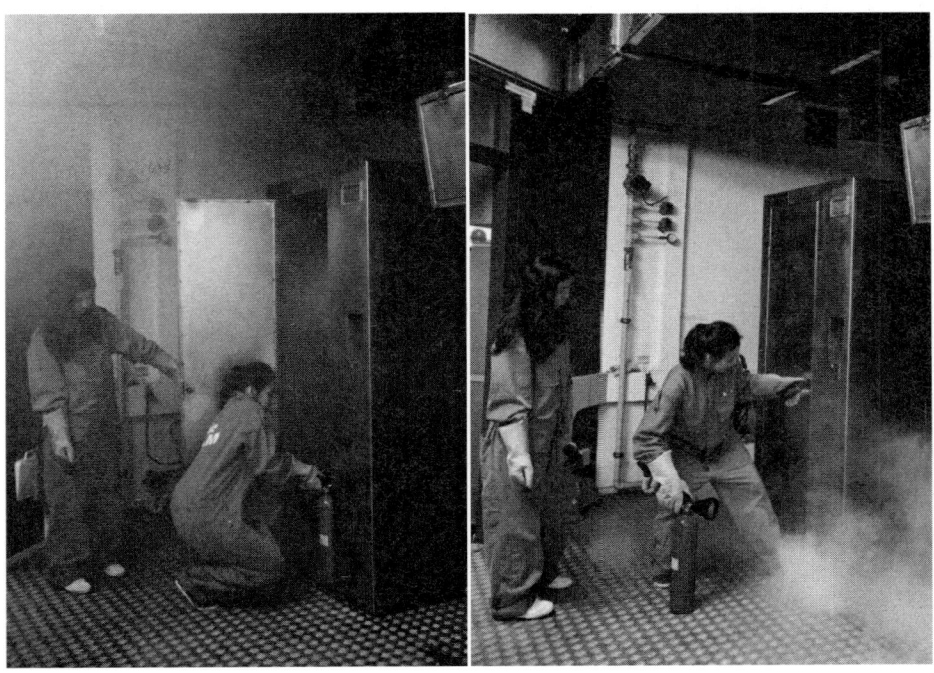

화장실에서 화재가 발생했을 때 불 끄는 연습을 하고 있다.

구명조끼 사용법을 시연하는 승무원

● 구명조끼 사용법
1. 좌석 또는 팔걸이 아래에 있는 구명복은 비행기가 바다에 비상 착륙했을 경우 사용한다.
2. 착용할 때는 머리 위에서부터 입고, 허리에 있는 띠를 둘러 버클이 앞에 오도록 한 후 버클을 채운다.
3. 끈을 당겨 몸에 맞도록 조절한다.
4. 구명복은 기내에서 부풀리지 않도록 주의하고, 부풀릴 때는 탈출 직전 비상구 앞에서 붉은 색 손잡이를 당기면 된다.
5. 충분히 부풀지 않을 때는 양쪽의 빨간 고무관을 힘껏 불어준다.

산소마스크 사용법을 시연하는 승무원

● 산소마스크 사용법
1. 산소마스크는 선반 아래 천장 속에 있는데, 산소 공급이 필요한 비상시에 저절로 내려온다.
2. 마스크가 내려오면 앞으로 잡아 당겨 코와 입에 대고 끈으로 머리에 고정한다.

안전벨트 사용법을 시연하는 승무원

유아 구명조끼 착용 연습

는 상황이 발생할 때 어떻게 그를 조종실 밖으로 빼내야하는지도 훈련하고요. 그리고 안전과 관련된 장비들이 기내 어디에 위치하는지, 그것들을 어떻게 사용하는지 등도 달달 외워야 합니다. 산소통, 소화기, 구명조끼, 산소마스크 사용법 등을 배우고 실습한 뒤 직접 시연하면서 실기 평가를 받지요. 기내에 반입

수상 안전 교육을 받고 있는 모습

할 수 있지만 위험한 물품으로 분류되는 것은 무엇인지, 반입 자체가 불가능한 물품은 어떤 것들인지도 배웁니다.

　가장 떨리고 긴장되는 교육은 비상 착륙 시 해야 하는 일을 이론뿐만 아니라 실제로 모의 비행 모형 장치(simulator)를 통해 연습하며 평가 받는 일입니다. 비상 착륙 순간은 머릿속에 떠올리는 것만으로도 긴장되거든요. 아무리 교육 과정이라 해도 말이지요. 영화나 드라마에서 보셨겠지만, 비행기에서 탈출할 때엔 승객들이 비행기 문에 달려 있는 슬라이드를 타고 내려와야 합니다. 예비 승무원들은 이때를 대비하여 문을 열고 구호를 외치며 탈출하는 연습을 여러 번 한답니다. 만에 하나 바다에 비상 착륙할 때 어떻게 대처하며, 어떤 식으로 침착하게 탈출해야 되는지 이론으로 먼저 배운 뒤 수영장에서 구명보트 탑승 및 탈출 후 상황을 연습하기도 해요. 이때 수영 실력을 테스트하지요.

　안전 교육은 승객과 승무원의 생명과 직결된 교육인 만큼 시험이 매우 엄격합니다. 이론이든 실기 평가든 완벽하게 해내지 못할 경우 재시험을 치러야 함은 물론, 낙오하는 경우도 생길 수 있으므로 철저하게 연습 또 연습해야 할 것입니다.

○ 응급 처치

안전 교육이 끝나면 응급 처치 교육을 받습니다. 비행을 하다 보면 응급 처치가 필요한 경우가 왕왕 발생합니다. 몸이 아픈 승객이 탈 경우,

비행기의 문

비행기의 비상구

비상시 탈출하는 슬라이드

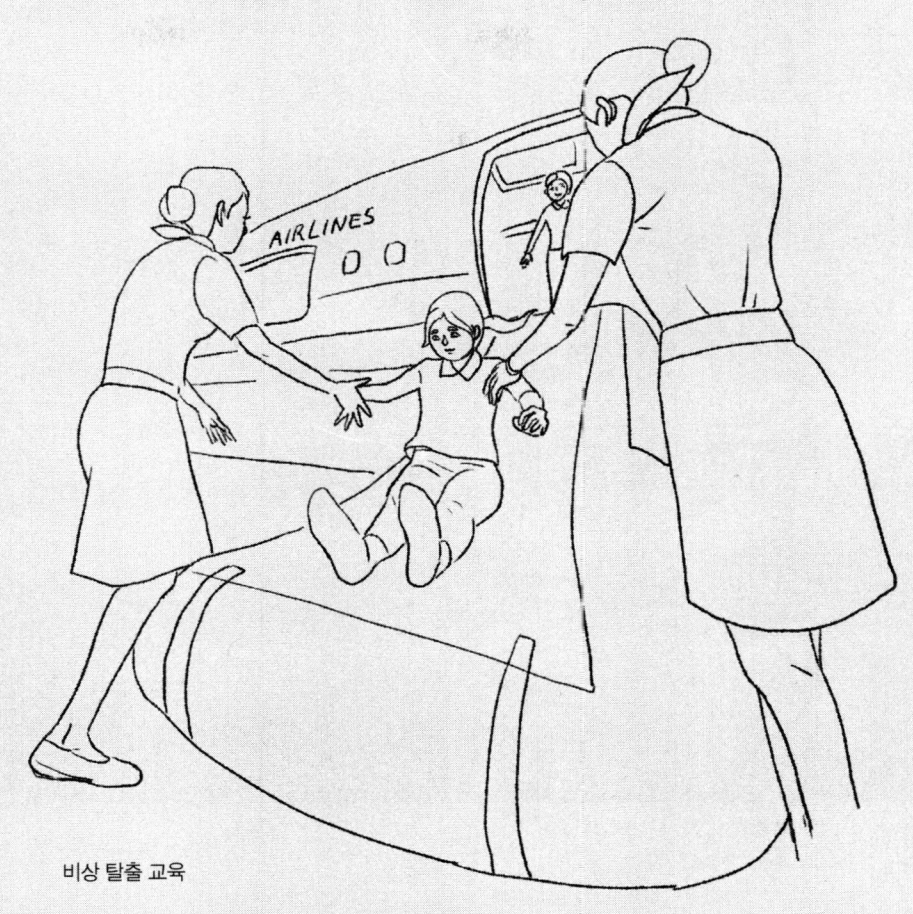

비상 탈출 교육

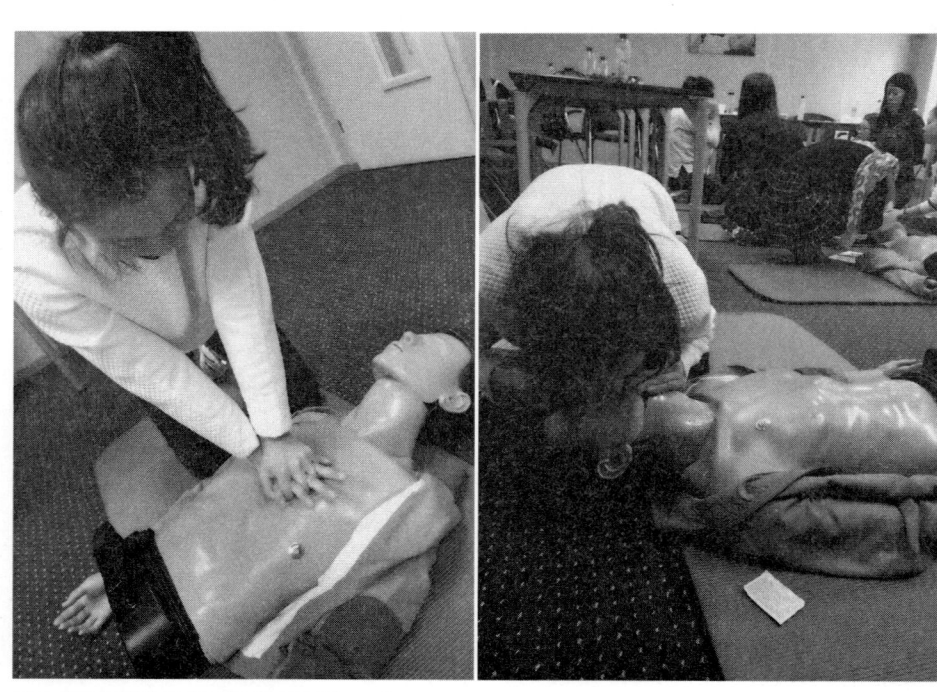

응급 처치 가운데 심폐소생술을 연습하는 모습

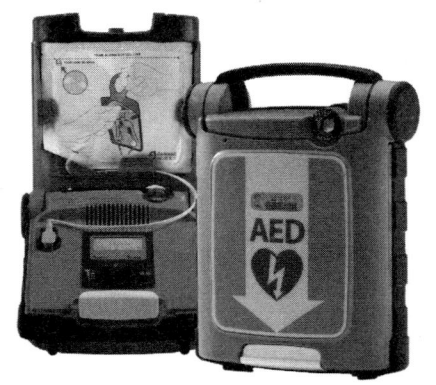 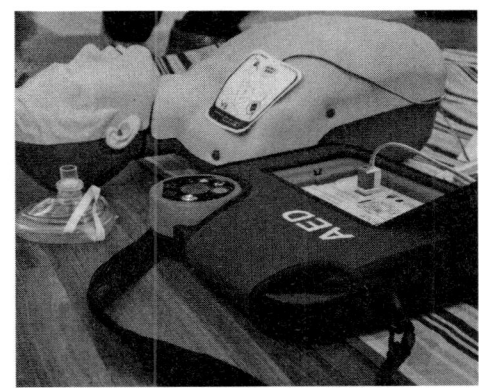

자동 제세동기

승객이나 승무원이 다치는 경우(주로 화상이나 골절), 임산부가 갑작스럽게 아이를 낳는 경우 등등 그 예도 매우 다양한데요. 승무원들은 승객의 건강과 관련하여 가장 효율적으로 대처할 수 있는 방법을 배우게 됩니다. 예를 들어 외상을 입어 피가 날 때 지혈하는 법, 골절되었을 때 임시로 고정하는 법, 호흡이 가빠지거나 순환이 정지되거나 대단히 약해지고 있는 경우에 처치 가능한 인공호흡법 등을 배웁니다. 또한 기내에 비치한 응급약 사용법과 산소통 사용법을 물론 자동 제세동기[1]에 대한 사용법을 익혀 마치 응급구조원처럼 CPR(심폐 소생술)을 실시할 수 있도록 연습한 후 평가를 받습니다.

1: 자동 제세동기(AED, Automated External Defibrillator)는 심장의 기능이 정지하거나 호흡이 멈추었을 때 사용하는 응급 처치 기기이다. 심폐 소생술 교육을 받지 않은 일반인도 사용할 수 있으며, 주변에 심정지 환자가 발생한 경우 적극적으로 사용하여야 한다.

안전 재교육(Recurrent Training)

이 후에도 안전 교육은 1년에 한 번씩 재교육이 이루어지며 그때마다 다시 평가를 받게 됩니다. 서비스 관련 내용은 계속 업데이트되므로 새로운 내용을 암기하고 이를 현장에서 적극적으로 활용할 수 있을 만큼 몸에 익혀야 합니다. 또한 비행하는 동안에도 평가는 계속 이어집니다. 회사마다 다르지만 수습일 경우 6개월 동안 3~5번의 평가를 받고, 그 이후에는 사전 통보에 의해 모든 내용을 잘 숙지하고 잘 이행하고 있는지 사무장이나 부사무장에게 평가를 받게 됩니다. 평가 점수가 너무 형편없거나 피드백 내용이 좋지 않으면 회사의 결정에 따라 다시 교육을 받거나 다른 사무장에게 평가를 받게 합니다.

어때요, 여러분! 공부하고 훈련할 게 엄청나지요? 이처럼 승무원이란 직업은 멋진 캐리어를 끌고 아무 생각 없이 비행기에 오르내리는 것이 아니랍니다. 땅에 있을 때나 비행할 때나 항상 긴장하고, 끝없이 공부해야 하는 직업이지요. 따라서 자다가도 누가 툭 치면서 안전에 관련된 매뉴얼을 물어보면 즉각 대답할 수 있을 만큼 준비해야 합니다. 어떤 사람은 "계속 반복하는 일인데 굳이 그렇게까지 공부할 필요가 있을까?" 하고 묻기도 하는데요. 계속 공부하지 않으면 잘 알던 내용도 잊어버리기 때문에 승무원들은 항상 안전 관련 매뉴얼을 들고 다니며 완벽하게 익혀야 합니다. 어떤 분들은 매뉴얼이 두껍기 때문에 요점만 정리한 노트를 들고 다니거나 태블릿 PC에 저장하여 휴대하기도 합니다.

승무원들은 비행기 기종[2]에 대해서도 교육을 받습니다. 회사에 따라 다르긴 해도 보통 최대 5개까지 교육받을 수 있는데요. 승무원 한 사람이 탈 수 있는 기종은 노선에 따라 달라집니다. 따라서 하나 이상의 기종을 타고, 매달 비행하는 노선이 다르다면 항상 비행 전에 자신이 탈 기종을 공부해야 합니다. 비행기 문을 어떻게 열고 닫는지부터 세밀한 특징에 이르기까지 다시 한 번 숙지해야 하지요. 그래야만 예측 불가능한 상황이 닥쳐도 우왕좌왕하지 않을 수 있잖아요? 비행기에 무엇이 있는지, 안전장치들은 어디에 있는지, 서비스 시 필요한 물건들은 어디서 어떻게 찾아야 하는지 등을 자세히 알고 있어야 어떤 상황이 닥치든 지체 없이 행동으로 옮길 수 있을 테니까요.

졸업식(Wing Day)

모든 교육이 끝나면 대망의 졸업식을 거행합니다. 그날을 저희 승무원들은 '윙데이(Wing Day)'라고 부릅니다. "날개를 달았다"는 뜻으로 이제 정식 승무원이 되어 비행할 수 있는 자격을 얻었다는 의미랍니다. 정식 한국 승무원으로 일하려면 자격이 필요한데요. 출입국 법무부에 등록된 한국인 승무원증 및 무슨 기종 교육을 수료했는지 보여주는 확인증이 있어야만 완전한 승무원으로서 일할 수 있답니다.

2: 비행기 기종은 크게 제조사에 따라 'Boeing'과 'Airbus'로 나눈다. 가장 큰 차이점은 문을 열고 닫는 방법이 다르다는 점이다. 또한 짐을 놓을 수 있는 선반의 문 형태도 다르다.

비행 전 일정을 검토하는 항공 승무원들

비행 스케줄(Roster or Schedule)

교육이 모두 끝나면 며칠 동안 쉰 다음 바로 비행을 시작합니다. 비행은 한 달 단위의 비행 스케줄에 따라서 이루어지는데요. 스케줄은 주로 매월 말에 나오거나 2주 단위로 끊어서 나오기도 합니다. 대부분 월말이 되면 다음 달 비행 일정을 알 수 있으므로 이에 따라 미리 개인 스케줄도 잡을 수 있습니다.

단거리 비행만 할 경우엔 장거리 비행을 하는 경우보다 비행의 수는 많지만 총 비행시간은 작아집니다. 단거리 비행으로 한 달 비행시간을 80~90시간 정도 채우는 경우, 거의 매일 비행을 한다고 보면 되지요. 하루에 두 번 이상 턴어라운드 비행(turnaround flight)[3]을 하게 됩니다. 반면 장거리 비행[4]을 할 경우엔 한 달의 비행 수가 단거리 비행을 포함하여 5~6개 정도 되는 경우가 많습니다. 장거리 비행은 워낙 노동의 강도가 높아서 비행을 마치고 나면 대개 2~3일의 휴무를 갖게 되는데요. 비행에 따라 길게는 4일 동안 휴무가 이어지는 경우도 있습니다. 평균 한 달의 휴무일은 적게는 8일에서 길게는 12일 정도입니다. 휴무는 비행 후 하루에서 3일 정도 주어지는데, 비행을 가서 쉴 수 있는 시간은 24시간 정도이며, 길게는 이틀까지도 쉴 수 있습니다.

그런데 이 모든 스케줄은 누가 정할까요? 예, 본인이 직접 하는 것

3: 예를 들어 '김포-제주-김포'처럼 한 구간을 반복해서 비행하는 것을 말한다.

4: 장거리 비행은 7시간이 넘는 비행으로서 대개 한국에서 유럽이나 미국으로 가는 비행이다. 보통 12~14시간이 소요된다.

Mar01 Wed	Mar02 Thu	Mar03 Fri	Mar04 Sat	Mar05 Sun	Mar06 Mon	Mar07 Tue	Mar08 Wed	Mar09 Thu	Mar10 Fri	Mar11 Sat	Mar12 Sun	Mar13 Mon	Mar14 Tue	Mar15 Wed	Mar16 Thu	Mar17 Fri	Mar18 Sat	&
OFF	404 05:00 06:30 AUH BKK 12:40 13:10 (77W)	407 17:40 18:55 BKK (77W)	AUH 01:55 02:25 (77W)	OFF	282 08:50 10:05 AUH COK 13:55 (321) 283 15:35 COK AUH 19:50 20:20 (321)	45 20:35 22:05 AUH (77W)	DUB 06:45 07:15 (77W)	42 07:15 08:30 DUB AUH 16:00 16:30 (77W)	ROFF	274 16:20 17:35 AUH HYD 21:25 (321) 275 22:45 HYD (321)	AUH 03:00 03:30 (321)	ROFF	ROFF	ROFF	ROFF	LVE	LVE	LV
28:30							24:00											

비행 스케줄

은 아니고, 스케줄 팀에서 개개인의 일정을 조절해줍니다. 여기서 결정된 스케줄은 회사 전산시스템을 통해 확인할 수 있고요. 그러나 급한 일이 생길 경우 다른 동료들과 의논하여 스케줄을 변경할 수 있으며, 본인이 원하는 목적지(destination)를 회사에 요청할 수도 있어요. 물론 100퍼센트 개인의 요청대로 스케줄을 짤 수는 없지만, 한 개 정도는 편의를 봐준답니다. 반면, 하나의 노선만 비행하는 경우에는 스케줄 변동이 거의 없고 주로 스탠바이(standby)[5]에 따라서 스케줄이 변동되지요. 스탠바이를 할 동안 회사에서 연락이 오면 그날 바로 준비하여 공항에 나가는 경우도 있답니다.

5: 집이나 공항에서 일정 시간 동안 대기하는 것을 '스탠바이'라고 부른다.

항공 용어

1. Via(바이아): 경유. 최종 목적지로 가는 도중 경유지에서 24시간 이하로 머무는 경우, 주로 기존 출발지에서 타고 왔던 비행기를 다시 타는 경유가 많다.

2. Transfer(트랜스퍼): 환승. 경유하는 공항에서 기존에 타고 온 비행기가 아닌 다른 편명의 비행기로 갈아타는 것.

3. Stop over(스톱오버): 경유지로 가는 도중 환승이 있을 때 경유지에 내려서 의도적으로 일정 시간 이상 머무는 것. 보통 24시간 이상 머무는 것을 말한다.

4. Lay over(레이오버): 환승이나 경유를 할 때 한 도시에서 24시간 이내에 머무는 경우.

5. Boarding pass(보딩패스): 항공사에서 제공하는 탑승권. 탑승 티켓이라 부른다.

6. Vegetarian Food(베지터리언 푸드): 채식주의자를 위한 기내식으로 별도의 예약 신청이 필요하다. 순수 식물성 식단과 계란 및 유제품을 가미한 두 종류 식단으로 나뉜다.

7. Aisle(아일): 객실 복도. 'aisle seat'은 복도에 가까이 있는 좌석을 말하고, 'window seat'은 창가에 가까운 좌석이며, 'exit raw seat'은 비상구 쪽에 있는 좌석을 말한다.

8. Cockpit(칵핏): 조종실. 'Flight deck(플라이트 데크)'라고도 한다.

9. Code share(코드쉐어): 공동 운항. 공동의 이익을 추구하기 위해 서로 협정을 맺은 항공사를 이른다.

10. ICAO(International Civil Aviation Organization): 국제 민간 공항 기구. 국제 연합의 전문 기구 중 하나로 항공의 안전 유지, 기술 개발 등의 목적으로 1947년에 창설되었다.

11. Jump Seat(점프시트): 승무원 좌석. 기내에서 승무원들이 이륙 및 착륙 시 착석하는 좌석을 말한다. 비상 탈출을 위해 항공기 문 주변에 장착되어 있다.

12. Interphone(인터폰): 기내 전용 유선 전화기. 승무원 간의 의사소통을 위한 하나의 매개체로 조종실에서 기내로 연락할 때에도 사용한다. 주로 기내 방송이 나갈 때 인터폰을 사용한다.

13. Smoke detector(스모크 디텍터): 연기 감지기. 기내는 화재가 발생하기 쉬운 환경이며, 한 번 화재가 발생하면 진압이 어려우므로 항공보안법에 따라서 흡연을 금지하고 있는데, 간혹 화장실에서 몰래 흡연하는 승객들이 있으므로 연기를 감지하기 위해 이 장치를 설치해둔다.

14. Outbound(아웃바운드): 출발지에서 도착지로 나가는 비행. ex)인천ICN-암스테르담AMS

15. Inbound(인바운드): 도착지에서 원래 출발지로 다시 돌아가는 비행. ex)암스테르담AMS-인천ICN

16 Turnaround(턴어라운드): 목적지에 도착해서 비행기에서 내리지 않고 그 비행기로 다시 돌아오는 비행. 승무원과 비행기는 그대로이고 승객만 바뀌어 다시 출발지로 돌아가는 비행이다. 주로 단거리 비행들을 턴어라운드 비행이라고 부른다. ex)김포-제주, 제주-김포

17. Layover(레이오버): 비행 구간이 길 경우 승무원들도 비행기에서 내려 호텔에서

일정 시간 쉬고 다시 돌아오는데, 이를 '레이오버 비행'이라 한다. 그래서 승무원들끼리 종종 "이번 레이오버에서는 뭐 할 거야?"라든가 "레이오버가 몇 시간이야?" 같은 말들을 주고받는다. 즉, "도착해서 뭐 할 거야?", "도착지에서 몇 시간 체류하다가 가는 거야?"라는 뜻이다.

18. Roster(로스터): 비행 스케줄을 지칭하는 말이다. 승무원들이 매달 스케줄 팀으로부터 받는 비행 일정이다.

19. Swap(스왑): 자신의 비행 스케줄을 다른 승무원과 바꾸는 것. 회사마다 규정이 달라서 스케줄 변경이 안 되는 곳도 있다.

20. Bunker(벙커): 승무원들이 쉬는 공간이다. 장거리 비행에서는 승무원들이 교대로 돌아가면서 벙커에서 휴식을 취하는데, 이 공간 안에 간이침대들이 놓여 있다.

21. Galley(갤리): 비행기의 주방. 커피 메이커, 오븐, 기내식이나 서비스 음료 등 손님에게 제공되는 음식들이 저장되어 있다.

22. Overhead bin(오버헤드빈): 기내 좌석 위 짐 넣는 공간을 이른다.

23. Bassinet(베시넷): 항공기 안에 설치할 수 있는 유아용 침대이다. 기내에 있는 벽면에 설치할 수 있다.

24. Bulkhead(벌크헤드): 객실을 나누는 칸막이 벽이다. 여기에 유아용 침대를 설치할 수 있다.

25. Cart(카트): 물건을 옮기는 바퀴가 달린 장비. 카트의 종류는 안에 담긴 물품에 따라 면세품 카트, 음료 카트, 음식 카트, 이어폰 카트 등으로 구분된다.

26. FSC항공사: FSC는 'Full Service Carrier'의 약자로 수화물, 기내식, 좌석 지정 등의 서비스가 포함된 항공사를 뜻한다. 아시아 항공사와 대한항공 등이 여기 속한다.

27. LCC항공사: LCC는 'Low Cost Carrier'의 약자로 기본 항공료는 저렴하지만, FSC에서 제공되는 서비스에 대해 별도의 비용이 부과되는 것을 말한다. 주로 에어부산, 이스타 항공, 진에어 등이 속한다.

28. Turbulence(터뷸런스): 난기류라고 불리며, 갑작스런 기류 변화로 인해 비행기가 심하게 흔들릴 경우를 말한다. 그럴 경우 좌석 벨트 사인이 켜지고 기내 방송이 나간다. 실제로 비행 도중 심할 경우 갑작스런 기류 변화로 인해 기내에서 있다가 천장까지 부딪히는 경우도 있다. 마치 롤러코스터를 타는 것 같아서 오래 지속될 경우 속이 울렁거리기도 한다. 강도가 약한 터뷸런스는 자주 겪는 일이어서 그런지 승무원들은 대개 두렵거나 무서워하지 않는다. 일시적이거나 심하지 않는 난기류를 만나면 보통 서비스를 계속 이어나간다.

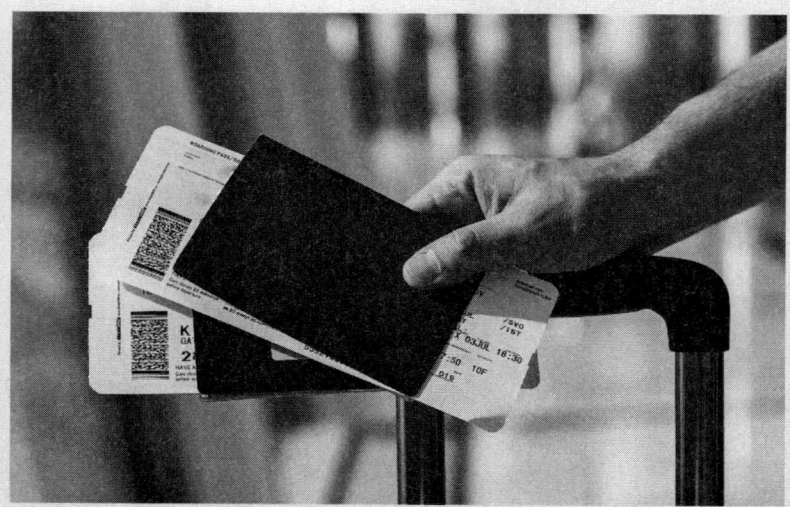

보딩패스(Boarding pass)

객실 복도 아일(Aisle)

조종실(Cockpit)

점프시트(Jump Seat)

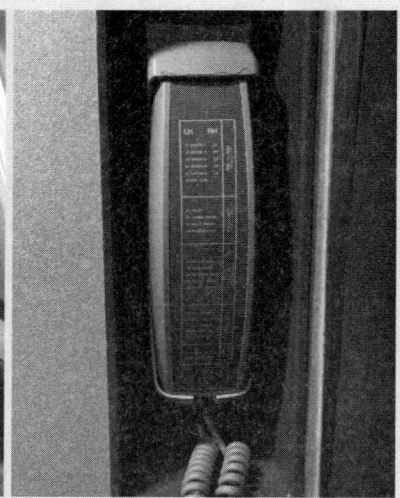

인터폰(Interphone)

갤리(Galley). 사진은 카타르 에어웨이 갤리이다.

베시넷(Bassinet)

오버헤드빈(Overhead bin)

카트(Cart)

이니셜을 알아두자

대한민국

서울 인천공항 – ICN

서울 김포공항 – GMP

부산 김해공항 – PUS

아시아

일본 도쿄 나리타 공항 – NRT

일본 도쿄 하네다 공항 – HND

일본 오사카 간사이 공항 – KIX

중국 베이징 셔우두 공항 – PEK

중국 상하이 푸동 공항 – PVG

홍콩 첵랍콕 공항 – HKG

대만 타오위안 공항 – TPE

인도네시아 자카르타 수카르노 하타 공항 – CGK

캄보디아 프놈펜 공항 – PNH

베트남 하노이 공항 – HAN

인도 델리 인디라 간디 공항 – DEL

태국 방콕 공항 – BKK

필리핀 마닐라 니노이 아키노 공항 – MNL

유럽

영국 런던 히드로 공항 – LHR

프랑스 파리 샤를 드 골 공항 – CDG

독일 프랑크푸르트 공항 – FRA

스페인 마드리드 공항 – MAD

이탈리아 로마 레오나르도 다빈치 공항 – FCO

우즈베키스탄 타슈켄트 공항 – TAS

핀란드 헬싱키 공항 – HEL

네덜란드 암스테르담 스키폴 공항 – AMS

미주

미국 시애틀 공항 – SEA

미국 로스앤젤레스 공항 – LAX

미국 시카고 오해어 공항 – ORD

미국 뉴욕 존 에프 캐네디 공항 – JFK

캐나다 토론토 피어슨 공항 – YYZ

캐나다 밴쿠버 공항 – YVR

멕시코 베니토 후아레스 공항 – MEX

페루 리마 공항 – LIM

브라질 상파울로 공항 – GRU

에콰도르 키토 공항 – UIO

아르헨티나 부에노스아이레스 공항 – EZE

공항 안내판 읽기

공항에 가면 커다란 안내판이 있습니다. 딱 보기엔 무슨 암호 같은데요. 찬찬히 읽어봅시다.

편명(flight) PR493 – Philippine Airlines(필리핀에어라인)에서 운항하는 493편

여행시각(Time) 22:50 – 오후 22:50분에 출발

목적지(To) 클라크필드 – 인천공항에서 필리핀에 있는 도시 중 하나인 클라크필드로 가는 비행이다.

탑승구(Gate) 107 – 비행기가 정차해 있는 곳이며 안내 표지판을 따라서 107이라는 번호를 찾아가면 된다.

현황(Status) 탑승 준비 – 탑승 준비라고 하는 말은 탑승할 시간이 거의 임박해 있

다는 뜻임. 현황 상태는 비행기가 연착되거나 취소될 때에도 표시하므로 항상 주의 깊게 보아야 한다.

보딩 패스 읽기

자, 이번에는 보딩 패스를 읽어봅시다.

필자의 탑승권

일반적인 보딩 패스(탑승권)

Name(탑승하는 사람 이름) – Jeong Jinhwa

From(출발하는 공항) – Roma(로마) FCO(로마 피우미치노 공항)

To(도착하는 공항) – Barcelona(바르셀로나) BCN(바르셀로나 엘프라트 공항)

Flight(편명) – VY6101 Vueling 항공사에서 운항하는 6101편

Departure Time(출발 시각) – 21 Mar 09:50

Gate(탑승구) – 안내 표지판에서 편명을 확인하면 번호를 찾을 수 있음

Boarding(탑승 시작 시각) – 09:20

Seat(좌석 번호) – 25D

Baggage(수화물 짐) – 1/23. 23킬로그램짜리 가방 한 개

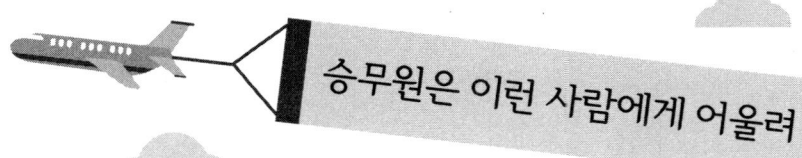

승무원은 이런 사람에게 어울려

체력이 없으면 서비스도 없다!

여러분도 어쩌면 비행기 승무원을 고위 서비스직으로 여길지 몰라요. 하지만 객실 승무원의 업무 강도는 꽤 높은 편이며 근무 환경도 그다지 좋지 않답니다. 특히 기체 소음에 오랫동안 노출되기 때문에 어느 순간 청력이 약해질 수 있어요. 따라서 건강 검진을 할 때 청력 테스트는 매우 주요한 측정 대상이 됩니다. 또한 비행을 하다 보면 기압의 차이로 인해 감기에 걸리기 쉬운데요. 이때 특히 비행에 주의해야 합니다. 간혹 코감기에 걸려 코가 막히면서 귀도 함께 막히는 경우가 있는데요. 비행기가 하강할 때 공기가 다시 귀 안으로 들어가야 하는데 이것이 제대로 이루어지지 않아 심한 통증을 겪거나 고막이 터지는 경우도 종종 발생합니다.

내친 김에 기내 환경에 대해 좀 더 알아볼게요. 비행기 고도는 최대 38,000ft~40,000ft입니다. 따라서 기내의 기압은 고도 1,500~2,000m의 공기 압력과 유사해져요. 물론 기내에는 여러분이 편하게 숨을 쉬고 활동할 수 있을 만큼의 충분한 산소가 저장되어 있습니다. 하지만 갑작스러운 기압 변화 상황이 오면 혈액의 산소 흡입률이 감소하여 저산소증(산소 결핍증)이 올 수 있어요. 기내에서 술을 마실 때 평소보다 빨리 취하는 것, 극심한 피로에 시달린 분이나 심장 관련 질병 혹은 호흡기 관련 질병을 앓고 있는 승객에게 장기간의 비행이 어려워지는 이유랍니다.

비행기의 기내는 평상시보다 약 20%정도 건조한 상태를 유지합니다. 따라서 장거리 비행을 할 경우 눈·코·입·얼굴이 건조하다고 느낄 수 있어요. 피부 건조증이나 트러블이 발생하기도 하고, 손톱이 건조해져 쉽게 부서질 수도 있답니다. 그러므로 비행에 나갈 경우에는 미리 수분과 영양분을 충분히 섭취하고 보습제도 충분히 사용하여 덜 건조해지도록 준비해야 합니다. 특히 수분 섭취가 부족하면 탈수 현상이 일어나거나 어지러움을 느낄 수 있으므로 지나친 카페인 복용을 피하고, 물을 많이 마시면서 일하는 것이 좋습니다. 저도 너무 바쁜 나머지 2~3시간 동안 수분 섭취를 못한 바람에 두통과 어지러움을 느낀 적이 있답니다. 승객을 위한 좋은 서비스는 승무원의 건강한 체력에서 나오는 것이므로 승무원은 항상 자기 몸을 잘 돌보면서 일해야 합니다.

자, 다시 승무원의 체력 이야기로 돌아가볼까요?

승무원들이 체력을 중요시하고 늘 체력 관리에 신경을 쓰는 가장 큰 이유는 '제트 래그(JET LAG)' 때문입니다. '제트 래그'란 비행기

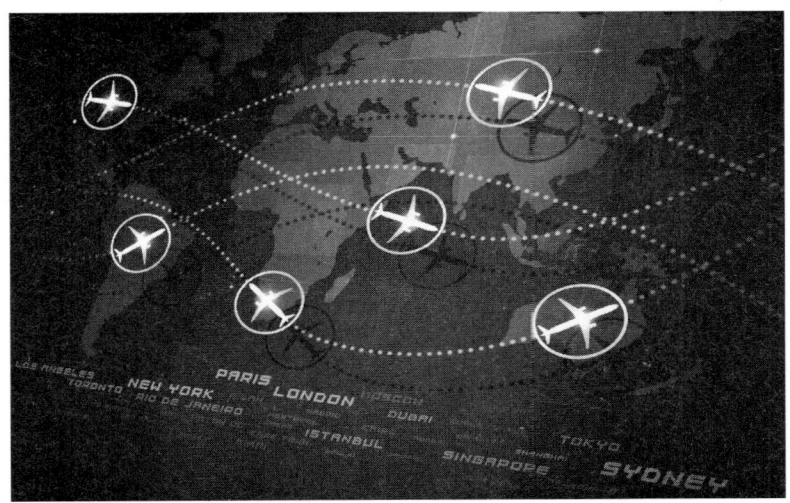

제트 래그

를 이용하여 장거리 여행을 할 때 시차(時差)로 인해 발생하는 피로감을 말하는데요. 제트 래그는 종종 수면장애나 불면증, 소화불량, 신체적·정신적 기력 저하 등을 야기합니다. 이는 단순히 체력 저하의 문제가 아니라 비행 안전에 관련된 사고로 이어지는 경우도 있으므로 매우 주의해야 합니다. 특히 기장 및 기내 승무원들에게 흔히 발생하는 증상으로서 회사에서는 이를 예방하기 위해 다양한 교육 프로그램이나 도움 프로그램들을 제공하고 있지요. 그러나 무엇보다 중요한 점은 철저한 자기 관리라는 것, 꼭 기억하세요.

또한 승무원들은 승객에게 식사를 제공하기 위해서 음식이 담긴 카트나 트롤리를 끌고 다녀야 합니다. 트롤리의 무게는 대략 50KG정도인데요. 생각보다 훨씬 무겁지요? 이처럼 무거운 트롤리를 끌고 다니다 보면 손목 관절에 종종 무리가 온답니다. 어디 그 뿐인가요? 승객들이 짐 올리는 것을 도와야 하고, 다양한 요구에 맞춰 일일이 서비스를 해야 하므로 승무원들은 비행 도중 별로 쉴 틈이 없습니다. 게다가 서서 일해야 하고요. 승무원들이 디스크나 하지 정맥류 같은 직업병을 달고 사는 이유이지요.

  이러한 이유들 때문에 승무원들은 건강 검진 및 체력 검사를 꾸준히 받는데요. 면접을 볼 때 피면접자의 피부 상태를 확인하는 것도 기내 환경에 의해서 피부가 나빠질 수 있기 때문에 가급적 피부가 건강한 사람을 선택하고자 하기 때문입니다. 건강한 체력 없이는 좋은 서비스를 할 수 없으며 승객들의 생명도 책임질 수 없다는 것, 이제 잘 이해하셨지요?

투철한 직업의식

승무원은 강도가 만만치 않은 육체노동에 감정노동까지 겸한 직업입니다. 따라서 엄격한 자기 컨트롤 능력이 있어야 하고, 직업의식도 투철해야 합니다. 직업의식이란 특정 직업에 대해 사람들이 가지고 있는 특유한 태도나 도덕관, 혹은 가치관 등을 의미하는데요. 여기에는 직업을 대하는 개인의 태도와 직업에 대한 의견 및 가치, 유래되는 사상에 의해 형성된 직업에 대한 관습 및 습관이 포함됩니다. 또한 다양한

트롤리를 끄는 승무원

승객이 짐 올리는 것을 돕고 있다.

신념 체계로 구성된 태도와 일할 때 드러나는 반복적인 행동 습관이 기도 해요.

승무원이 되려고 준비할 때 대부분의 사람들은 승무원의 좋은 점만 보게 마련입니다. 겉모습이 멋지고, 남들보다 자유롭게 외국에 드나들 수 있으며, 비행기 안이라는 특정한 공간에서 승객들에게 미소와 함께 서비스를 잘 제공하면 된다고 생각하지요. 그러나 저는, 막상 승무원이 된 뒤 괴리감을 느끼는 친구들도 여럿 보았답니다. 저 역시 "내가 왜 이 직업을 선택했을까, 왜 내가 기내에서 이러고 있는 걸까" 하면서 갈등을 느꼈던 경우가 있습니다. 예를 들어 매너리즘에 빠져 기계적으로 움직이고 있는 자신을 돌아보며 "이게 내가 진정으로 원했던 일인가?"라고 스스로 여러 번 묻곤 했지요. 게다가 비행 중에 저를 정신적으로 힘들게 하는 승객을 만날 때면 "내가 이러려고 승무원을 했나?" 하면서 속상해 했고요. 하지만 저를 비롯한 모든 승무원들은 본인이 잘못한 것도 아닌 일에 승객으로부터 나쁜 말을 듣게 되어도 꾹 참고 친절하게 응대합니다. 이런 태도가 바로 승무원이 지켜야 할 매너이기 때문인데요. 그러다 보니 감정노동의 강도가 저절로 높아지곤 해요.

한편으로 승무원들은 "과연 내가 질 좋은 서비스를 제공하고 있나?", "초심을 잃지 않았나?" 하는 걱정에 빠지기도 합니다. 이럴 때 승무원이라는 직업에 대한 확고한 직업의식을 가지고 자신의 마음을 잘 통제할 수 있으면 힘든 상황이 닥치더라도 고비를 넘길 수 있어요.

또한 자신이 하는 일에 좀 더 책임감을 갖고 임할 수 있고요. 물론 비행을 하다 보면 좋은 승객들이나 좋은 동료들을 더 많이 만납니다. 그럴 때는 "역시 승무원 하길 잘했어!" 하면서 엄지를 척 올리게 되고요. 그러니까 여러분도 왜 승무원이 되고 싶은지, 어떤 승무원이 되고 싶은지 등등 직업에 대한 확실한 가치관을 먼저 세우면 좋겠어요. 그러면 힘든 상황도 잘 극복할 수 있고, 일하면서 몸에 익혀야 할 좋은 행동 습관도 기를 수 있거든요.

스트레스 해결 능력이 중요한 이유

여러분은 스트레스를 잘 받는 편인가요? 스트레스를 받으면 주로 어떻게 해결하나요? 대한민국은 경쟁이 심한 사회이다 보니 대다수 사람들이 학령기 이전부터 다양한 스트레스에 노출되는데요. 학생 때는 진로나 진학 문제로, 나이 들어서는 직장이나 직업, 결혼이나 출산 등의 문제로 자주 골머리를 앓게 됩니다. 어쩌면 '스트레스=삶'이라는 공식을 누구나 안고 살아가는지도 몰라요. 뭔가 원하던 것을 이루기 위해 노력하는 과정에서도 스트레스가 발생하지만, 무엇인가를 이룬 다음에도 '유지'하기 위해, 혹은 '전환'을 꿈꾸며 스트레스를 받으니까요.

승무원도 사람을 상대하는 직업이므로 여기 종사하다 보면 자연스레 스트레스를 받게 됩니다. 아무리 낙천적인 사람이라 한들 제한된

시간 내에 여러 가지 상황을 처리해야 하고, 항상 평가를 받아야 하며, 여러 승객들—성격이 까칠한 승객, 술에 취한 승객, 몸이 아픈 승객—을 상대하다 보면 본인 역시 예민해질 수밖에 없거든요. 그렇지만 작업 환경이 하늘을 나는 비행기 안인 탓에 화가 나거나 속이 상해도 어디 밖에 나가 푼다거나 마음껏 하소연을 늘어놓기도 힘듭니다. 일단 비행을 시작한 이상 무사히 착륙할 때까지 참고 견뎌야 하지요.

따라서 승무원이 되고 싶은 사람이라면 스트레스를 지혜롭게 풀어낼 줄 알아야 합니다. 그래야만 계속해서 일을 잘할 수 있으니까요. 만일 여러분이 작은 일에도 민감하게 반응하며 쉽게 스트레스를 받는 성격이라면, 어떤 방식으로든 '스스로, 빨리' 스트레스를 풀 수 있는 자신만의 방법을 개발할 것을 권합니다. 물론 스트레스를 받는다 해도 금방 털어버릴 수 있는 낙천적인 성격의 소유자라면 금상첨화겠지만요.

뛰어난 친화력과 협업 능력으로 안전하고 즐거운 비행을!

승무원은 무엇보다도 다른 동료들과 함께 호흡을 맞춰야 하는 특성이 강한 직업군에 속합니다. 승무원의 자질 중 특히 협업 능력을 중시하는 이유이지요. 항공사 별로 팀을 구성하여 1년 동안 같이 일하기도 하고, 비행에 나갈 때마다 팀원을 바꿔가면서 일하기도 합니다. 어찌 되었든 비행 시에 혼자서 일하는 것이 아니라 팀을 이루어 같은 목표를 가지고 협업을 통해 비행한다는 데엔 변함이 없지요. 이처럼 동료들과 함께 일을 매끄럽게 수행하려면 다른 사람과 잘 어울릴 수 있는 친화력이 요구됩니다. 따라서 낯가림이 심하다거나 줄곧 자기주장만 내세우는 성격이라면 비행하는 일 자체가 어색하고 힘들어질 수 있습니다. 보통 기내에서 일할 때엔 자신이 맡은 구역이 있게 마련이지만, 비행을 하다 보면 동료의 도움이 필요한 상황도 자주 발생합니다. 거꾸로 내가 다른 사람의 일을 도와야 하는 경우도 생기고요. "내가 맡은 일은 잘 처리했으니 남의 일은 뭐……"라는 생각은 절대 금물이지요. 즉, 본인의 일만 하고 끝나는 것이 아니라 다 같이 안전하게 비행을 끝내야만 완전하게 일을 끝낸 것이라는 뜻입니다. 협업 능력을 중시하는 이유, 잘 이해하셨죠?

또한 친화력은 비단 동료들뿐 아니라 승객들과의 관계에서도 매우 중요한 역할을 합니다. 승객에게 좋은 인상을 주고 좋은 서비스를 제공하려면 비행하는 동안 승객들과 긴밀하게 소통하며 친밀한 관계를 형성하는 것이 무엇보다 중요한데요. 승객들의 말을 듣다 보면 그들이 정말 원하는 것이 어떤 서비스인지 알 수 있습니다. 이렇게 소통 능력과 공감 능력을 키우고 나면 승객이 요청하기 전에 그들이 원하는 것을 미리 예단하여 제공할 수 있지요. 나중에는 승객의 표정만 보고서도 필요한 것을 눈치 챌 수 있을 만큼요. 그리고 승객과 대화를 통해 비행하는 동안 좋은 관계를 유지하게 되면 설령 비행 중에 뭔가를 제공할 수 없는 경우가 생겨도 승객들의 이해와 협조를 쉽게 받을 수 있습니다. 처음 보는 사람에게도 먼저 다가서서 그들의 의사나 기분을 묻고 잘 어울릴 수 있는 친화력이 꼭 필요한 이유입니다.

원칙을 지키되 융통성을 발휘하자

기내에서 어떤 문제가 발생하면 승무원들은 이미 배운 바에 따라, 즉 매뉴얼에 따라 이를 처리할 수 있습니다. 회사가 정해 놓은 순서와 규칙대로 일하는 것인데요. 하지만 상황에 따라서, 그리고 고객의 편의를 위해서 좀 더 나은 서비스를 제공하기 위해 융통성을 발휘해야 하는 순간도 있습니다. 승객에게 최선의 서비스를 제공하는 것이 승무원의 책임이므로 혹시 일 처리에 있어 약간의 순서 변화와 변형이 오더라도 승객들이 더 편안해하고 만족해한다면 얼마든지 융통성을 발휘할 수 있답니다.

비즈니스 승객 대부분은 비행 동안 휴식을 취하고 싶어 합니다. 그래서 탑승을 하자마자 잠이 들어 내리기 전까지 주무시는 분들이 많아요. 식사도 본인이 원하는 때에 하고 싶어 하지요. 따라서 서비스 절차가 정해져 있음에도 승객들의 요청에 따라 변경하기도 합니다. 예를 들어서 탑승 때부터 피곤해 보이는 승객에게는 인사와 함께 식사를 바로 하기 원하시는지, 언제쯤 일어나서 식사를 하고 싶은지 여쭤보고 따로 메모해둡니다. 그리고 나서 요청에 따라 식사나 간단한 음료를 제공하지요. 다 같이 식사하는 경우라 할지라도 식사를 빨리 마치고 쉬기를 원하는 승객이 있으면 디저트나 뜨거운 음료를 개별적으로 물어본 후 불필요할 경우 아예 생략하거나 원하는 분에게만 제공합니다. 이렇게 편의를 물어보고 맞춤 서비스를 제공하면 대부분의 승객은 만족하며 고마움을 표하신답니다.

피할 수 없으면 즐기자는 긍정 마인드

항공사에서 승무원을 뽑을 때, 그리고 입사 후 교육 과정과 평가 과정에서 주로 태도를 평가합니다. 힘든 상황을 만났을 때 어떻게 일을 처리하는지, 상사나 다른 임직원이 피드백을 줄 때 어떤 식으로 받아들이는지, 실수에 대한 충고나 조언을 어떻게 수용하는지 등등 승무원의 긍정적인 태도 여부를 보는 것인데요. 긍정적인 마인드에서 긍정적인 태도와 결과를 이끌어낼 수 있으므로 회사는 매사 긍정적인 태도를 지닌 사람을 선호합니다. 물론 다른 직종에서도 마찬가지겠지만, 서비스를 주된 업무로 삼는 직종이다 보니 서비스 제공자의 긍정적인 태도를 조금 더 눈여겨보게 되는 것이지요.

투철한 책임감은 항공 승무원의 가장 큰 덕목

승무원으로서 가져야 할 자질 중 책임감은 매우 중요한 요소입니다. 자신의 구역에서 일을 할 때든 팀원으로서 함께 일해야 할 때든 책임감이 없으면 효율적인 일처리가 불가능합니다.

기내에는 승무원 각자가 맡게 되는 구역(zone)이 있고, 담당자들은 자기 구역의 안전과 쾌적함을 책임져야 하는데요. 일을 하다 보면 많은 승객들이 한꺼번에 여러 가지 요구 사항을 이야기할 때가 종종 있습니다. 이때 당황하거나 멘붕에 빠지지 말고 그 내용들을 잘 기억해서 다양한 요청들을 처리해야 해요. 그야말로 다중 수행 능력자가 되어야 하는 거죠. 만약 이런 상황에 잘 대처하지 못하게 되면 다른 팀원에게 피해를 줄 수 있고, 승객들이 해당 비행사에 불만을 토로할 수도 있습니다. 또한 안전과 관련된 기내 안전 검사를 제대로 이행하지 않을 경우에는 심각한 사고로 이어질 수도 있기 때문에 승무원들은 무엇보다 투철한 책임 의식을 가져야 합니다.

제가 직접 겪은 일은 아니지만 승무원의 실수로 인해 사고가 일어난 경우도 있습니다. 착륙한 후 문을 맡고 있는 승무원들은 기장의 지시에 따라 도어 슬라이드 모드를 Arm(슬라이드 형태가 열려 있는 상태)에서 Disarm(슬라이드가 원상태로 닫힌 상태)으로 변경해야 합니다. 매일 하는 일이며 자동적으로 몸이 알아서 움직일 정도로 중요한 일인데요. 어떤 승무원이 도어 슬라이드를 변경하지 않고 또한 상대편 쪽에 있던 승무원도 제대로 더블 체크를 하지 않아서 슬라이드가 Arm 상태로 있었던 거예요. 그 후 서비스 물품을 교환하기 위해서 문을 여는 순간 그대로 슬라이드가 펼쳐졌습니다. 다행히 주위에 사람이나 차가 없어서 인명 피해는 없었지만 슬라이드 교체 비용 및 그다음 비행 딜레이 등 연이은 피해가 발생했지요. 단순하게 보이는 일이지만 안전과 관련된 업무를 책임감을 갖고 끝까지 저대로 수행하지 못했던 탓에 연계적으로 많은 피해가 발생한 사건이었습니다.

승무원이 되는 데 필요한 기본 조건

좋은 이미지

제가 말씀드리는 '좋은 이미지'란 "미인 대회에 나가는 사람처럼 얼굴
이 무조건 예뻐야 된다"는 뜻이 아닙니다. 승무원은 무엇보다 사람을
상대하는 직업이고 나아가 한 회사의 이미지를 대표하는 사람이므로

많은 사람을 대하는 직업이므로 밝은 이미지가 중요하다.

타인에게 호감을 줄 수 있는 좋은 인상을 가져야 한다는 뜻이에요. 왠지 무서워 보이거나 늘 화가 난 것처럼 보이는 인상보다는 밝고 친절하며 단정한 인상이 좋겠지요? 그래야만 승객의 입장에서도 도움을 요청하기가 쉬울 테니까요.

신장(身長)과 시력

회사에서 요구하는 신체적인 조건 중 하나는 키[身長]입니다. 예전에는 그야말로 '키 큰 사람'에 대한 조건이 엄격했는데, 요즘은 키 제한이 많이 사라지는 추세랍니다. 여성의 경우엔 대개 162cm이상을 선호했지만 최근 들어 이 조건이 폐지되면서 암리치(arm reach)[6]를 재고 있습니다. 문자 그대로 팔이 닿는 거리를 재는 것인데요. 국내 항공사의 경우 220cm, 국외 항공사일 경우엔 212cm를 기준으로 합니다. 소문에 의하면 양팔을 다 뻗어 올리는 것으로 측정하는 항공사도 있다고 해요. 키가 조금 작더라도 스트레칭을 자주하여 팔 길이를 일시적으로 늘일 수도 있으니 키가 작다고 해서 섣부르게 포기할 필요는 없겠지요?

항공사에서 키를 고려하는 이유는 탑승 시 승객들의 짐을 좌석 위 수하물 칸에 넣을 때 도와주며 정리해야 하기 때문입니다. 키가 작은

6: 키 재기를 대신해서 면접자의 대략적인 신장을 재는 것. 두 발을 까치발로 들고서 한쪽 팔을 뻗어 올린 높이를 측정한다.

승무원보다 키가 큰 승무원들이 이 일을 효율적으로 힘들지 않게 할 수 있거든요.

시력은 나안으로 0.2 이상, 교정시력은 1.0 이상이 되어야 합니다. 왜 나하면 기내에서 일할 경우에 보면, 멀리 떨어져 있는 승객이 도움을 요청할 때 콜 버튼을 누르기도 하지만 그냥 손을 들고 부를 때도 있습니다. 그리고 기내가 앞에서 뒤까지 거리가 꽤 멀기 때문에 승객들이 괜찮은지 한눈에 잘 살피려면 시력이 좋은 편이 유리하답니다.

어학 능력

드디어 여러분이 가장 궁금해 할 외국어 능력 이야기가 나왔네요. 국내 항공사일 경우 토익(Toeic) 점수, 또는 오픽(Opic) 점수를 갖고 있어야만 승무원에 지원할 자격이 주어집니다. 그러나 항공사에 따라 커트라인 점수가 다른데요. 대한항공은 550점, 토스레벨 6 이상, 또는 오픽 IM 이상이 되어야 합니다. 저가 항공사 중에도 토익 점수 600 이상을 요구하는 경우도 있습니다. 간혹 전공 학점이나 어학 실력에 제한을 두지 않는 곳도 있지만 국내 항공사일 경우 대부분 회사가 요구하는 일정한 어학 성적을 갖고 있어야 지원할 자격이 주어진답니다. 중국어 및 일본어 어학 성적 우수자는 면접 시 우대받게 되므로 제2 외국어를 꾸준히 공부해두면 유리합니다. 국내 항공사에서는 영어 인터뷰 시험을 따로 치르므로 어학 점수뿐만 아니라 회화 능력도 갖추어야 합니다. 국외 항공사를 지원하는 사람들은 어학 점수 대신 영어 면접을 치러야 하므로 영어로 막힘없이 자신의 생각을 잘 전달할 수 있어야 해요.

대한항공의 경우 커트라인이 550점이라고는 해도 거기에 딱 맞추기보다는 좀 더 높은 점수를 받아두는 것이 물론 유리합니다. 요즘은 영어를 잘하는 사람이 워낙 많기 때문에 다른 지원자들과 경쟁할 경우 아무래도 높은 점수를 갖고 있는 편이 좋겠지요. 또한 제주항공은 중국어 가능자를 우대하거나 따로 뽑기도 하므로 중국어나 일본어를 해두면 국내 항공사에 지원할 때 이점(利點)으로 작용하겠지요. 한 가지 언어만 하는 사람보다 두 가지 이상의 외국어 능통자를 뽑고 싶은 것이 사람 마음이잖아요? 더구나 요즘처럼 아시아계 방문객이 늘어난 상황이라면 더욱 그렇겠지요.

최종 학력

국내 항공사에는 대학을 졸업한 사람만 지원할 수 있습니다. 학점은 2.5학점 이상이 되어야 하고요. 국내 항공사에 지원하는 사람들을 보면 주로 전문대 항공운항과 졸업자, 호텔경영학과 졸업자, 관광운항과 졸업자가 많습니다. 그 외에도 4년제 대학에서 어학을 전공한 사람들이 많이 지원하지만, 실제로 전공 자체는 특별히 문제될 게 없답니다.

이와 달리 국외 항공사(주로 중동 항공사)는 고졸 이상인 경우 지원

할 수 있습니다. 즉, 학사 졸업장이 반드시 필요한 것은 아니라는 뜻이에요. 하지만 동남아권이나 아시아 쪽의 항공사일 경우 학사 졸업장을 필요로 하는 회사도 있으니 미리 자격 조건을 숙지해둘 필요가 있겠지요?

승무원이 되기 위한 준비

긍정적인 생활 습관을 들이자

면접을 코앞에 두고서야 웃는 연습, 걷는 연습, 답변 준비를 하는 것보다 평소에 이 모든 것들을 꾸준히 연습해야 합니다. 구체적으로 어떻게 하면 좋을까요?

첫째, 항상 긍정적인 생각을 가지도록 노력해야 합니다. 긍정적인 생각과 긍정적인 에너지가 좋은 결과를 가져오므로 매사 긍정적으로 대하는 태도를 기릅니다.

둘째, "세 살 버릇 여든까지 간다"는 말처럼 좋은 습관들이 자연스럽게 몸에 배게 해야 합니다. 먼저 인사하는 습관, 남을 배려하는 태도, 곱고 정중한 말씨 등 좋은 습관을 타고난 사람처럼 보이도록 부단히 노력해야 해요. 이런 노력을 쌓아가다 보면 자연스럽게 면접을 치를 수 있고, 승무원이 되어서도 좋은 습관을 가진 승무원으로 인정받게 됩니다.

어학 공부는 필수

새로운 언어를 배우고 습득한다는 것은 하루아침에 이룰 수 있는 일이 아닙니다. 물론 몇 달 죽어라고 공부해서 단기간에 영어 성적을 올릴 수는 있겠지만, 여기엔 한계가 있답니다. 그렇게 공부해서 얻은 어학 실력은 실제 일하는 현장에서 적용하기 힘들거든요. 예상하지 못했던 상황에 부딪치거나 난데없는 질문을 받게 되면 평소에 잘 나오던 영어가 갑자기 가물거리는 경우도 많은 터에 하물며 책상에서 몇 달 공부한 영어 실력만 믿었다가는 큰코다치기 십상입니다. 언어 공부에서는 투자한 시간과 실력이 정직하게 비례합니다. 그러므로 꾸준히 영어 공부를 하면서 회화에도 신경을 많이 쓰고, 중국어나 일본어도 덤으로 공부해두는 것이 좋습니다.

면접 준비는 이렇게!

가고 싶은 항공사의 채용 공고가 뜨면 제일 먼저 이력서를 준비합니다. 이때 이력서에 붙일 사진과 자기소개서도 준비해야 합니다. 그러고 나서 1차 서류 전형에 합격한 사람은 면접을 준비하게 되는데요. 면접 준비에는 대개 면접에 입을 옷, 제출해야 할 각종 서류, 메이크업, 면접관의 예상 질문에 대한 답변 준비 등이 속합니다. 또한 최종적으로 치를 건강 검진 및 체력 검사에 대비하여 체력을 단련해야 하지요. 하지만 이 모든 것들을 평소에 꾸준히 준비해둔다면 면접 전날까지 밤을 지새가며 애쓸 필요가 없겠지요? 가뜩이나 초조한 터에 내일 당장 치를 시험에 대비한다고 잠까지 설치게 되면 에너지가 소진되어 막상 면접 당일 컨디션 조절에 실패할 수도 있으니까요. 면접 전날에는 다른 곳에 정신을 쏟기보다 컨디션을 잘 조절하고 마음을 다스리는 편이 훨씬 유리합니다.

팁을 드릴게요. 평소에 관심 있는 항공사의 채용 공고 사이트를 항시 체크하면서 여유 있게 자기소개서를 준비합니다. 사진도 미리 찍고, 면접에 나올 만한 답변들을 예상하여 미리 공부해두는 것도 좋습니다. 즉석에서 바로 대답할 수 있는 질문도 나오지만, 자주 출제되었던 문제들을 선별하여 이에 대답할 내용을 미리 연습해둔다면 면접을 치를 때 당황하거나 떨지 않을 테니까요. 또한 회사에서 요구하는 각종 서류도 빠짐없이, 규격에 맞게 준비해야 합니다. 여기서 하나라도 어긋나는 게 있으면 좋은 인상을 줄 수 없거든요. 감점이 될 수도 있고요.

하늘을 날다

비행 전에 준비할 일들

비행하기 전날에는 보통 개인 생활도 하지만 무엇보다 비행 스케줄에 따라 컨디션을 조절하는 것이 중요합니다. 특히 잠자는 시간을 조절해야 하는데요. 예를 들어 밤 비행이 있을 경우 평소대로 자기보다 아침에 일어나서 비행 전 오후에 몇 시간을 잔다거나, 전날 새벽 늦게까지 깨어 있다가 늦게 잠들어서 오후쯤 일어나는 편이 좋습니다. 물론 사람마다 잠을 자는 패턴이나 시차에 적응하는 방법이 다르므로 딱 꼬집어 어느 것이 좋다고 말할 수는 없지만요. 몇 가지 에피소드와 함께 비행 전에 반드시 체크해야 할 일을 알려드릴게요. 선배 승무원의 경험담이니 잘 읽어보시고, 나중에 진짜 승무원이 되었을 때 같은 실수를 저지르지 않게 되기를 바랍니다.

ㅇ 그루밍(Grooming)

비행을 떠나는 날에는 가장 먼저 그루밍을 합니다. 비행 첫 번째 준비 과정으로서 회사 규정에 맞추어 화장하고 머리를 손질하는 일입니

Legal documents/Service items

비행할 때 꼭 지참해야 하는 서류와 물품을 뜻합니다. 이것들을 빠짐없이 챙겼는지 업데이트해야 할 것은 없는지 한 번 더 신경 써서 체크해야 합니다. 이에 속하는 것으로 ❶승무원임을 증표해주는 한국인 승무원증 ❷유효 기간이 6개월 이상 남아 있는 여권 ❸회사 직원이라는 것을 증명해주는 신분증 ❹나라별 입국 비자 ❺안전 교육 및 비행기 기종 교육 이수 후 자격을 인정받았다는 증명서입니다(예를 들어 Boeing747, 777, Airbus330, 380 등에 대해 교육받고 시험을 통과했으므로 해당 기종을 탈 수 있다는 증명서).

다. 즉, 유니폼에 어울리도록 화장을 하고, 올린머리를 하는 것인데요. 처음에는 어설프고 시간이 많이 걸리지만 나중에 익숙해지면 화장하고 머리 하는 데 보통 30분 정도밖에 걸리지 않는답니다. 물론 유니폼은 구김살 없이 깔끔하게 다려서 입어야 하고요.

○ 도착지의 날씨를 체크하라

제가 중동항공사에 다닐 때였습니다. 워낙 더운 날씨의 지역인 탓에 출발할 때 재킷을 잘 입지 않지만, 도착지의 날씨 정보를 고려하여 재킷을 따로 들고 다닌 적이 많았는데요. 레이오버가 있는 비행이 워낙 많았던 데다가 하루는 아시아, 하루는 미국, 하루는 오세아니아 등을 다니다 보면 조금 헷갈릴 때가 있습니다. 한 번은 호주의 어느 도시로 갔는데, 그만 중동 날씨와 완전히 반대라는 것을 까맣게 잊은 덕에 재킷을 가져가지 못한 거예요. 재킷 하나 빼먹은 게 무슨 대수냐고 생각하실지 모르지만, 운이 없으면 아예 비행에 나가지 못하는 경우도 있답니다. 그래서 저는 승무원들이 모이는 센터로 가서 초면의 승무원을 붙잡고 사정사정하여 재킷을 빌려야 했지요. 그 이후로 저는 무조건 도착지의 날씨와 비행에 필요한 물품들을 다시 한 번 챙기게 되었답니다.

○ 비행 물품과 서류를 체크하라

간혹 공항에서 스탠바이 하고 있는 승무원들을 볼 수 있습니다. 회사마다 공항 스탠바이가 없는 경우도 있는데요. 스탠바이 하는 승무원들은 실제 비행을 가듯 똑같이 짐을 싸고 나와 대기하고 있어야 합니다. 어느 해 겨울이었어요. 매우 추운 유럽 지역으로 갈 때였는데 어떤 승무원이 스탠바이에서 불려와 함께 탑승한 적이 있었습니다. 도착지에서 다 같이 저녁을 먹으러 나가려는데 그 승무원의 가방에는 여름옷만 있는 거예요. 결국 그는 기내에서 신는 단화에 기내에서 입는 재킷을 걸치고 밖에 나가 옷을 사 입은 뒤에야 마음 놓고 돌아다닐 수 있었답니다.

○ 비행에 필요한 서류는 안전한 곳에 보관하라!

스위스 취리히로 비행을 갔을 때 지갑을 도난당한 적이 있습니다. 지갑에는 모든 카드와 비행에 필요한 각종 신분증이 들어 있었지요. 지갑을 잃어버렸다는 것을 알게 된 순간 정말 하늘이 노래졌습니다. 동료들에게 들은 바에 의하면 그 모든 것을 잃어버렸다는 것은 곧 비행을 못할 뿐만 아니라 회사로부터 책임 추궁을 당하게 되고 경고까지 받는다는 사실을 의미하는 것이었으니까요. 저는 놀란 마음으로 사무장과 기장에게 상황을 알렸고, 다행스럽게도 서비스만 제공하면서 다시 돌아갈 수 있게 되었습니다. 단 기내 안전을 책임지는 승무원으로서의 업무는 할 수 없었지요. 도착 후 저는 회사에 가서 보고서를 제출하고 경찰서에 신고한 뒤 이틀 만에 각종 신분증과 카드를 받을

Checks Notice Board

회사에서 서비스 및 안전과 관련된 내용을 계속 업데이트할 경우 회사 직원 사이트에 올리거나 메일로 보내주는 경우가 있습니다. 이때 잊지 말고 비행과 관련된 지식들을 업데이트할 수 있도록 신경 써야 합니다. 브리핑에서 사무장이 새로운 내용을 잘 숙지했는지 확인하는 탓도 있지만, 무엇보다 중요한 것은 승무원 본인이 업데이트된 내용을 잘 알고 있어야만 승객들에게도 올바른 정보를 제공할 수 있기 때문입니다.

수 있었습니다. 정말 운이 좋게도 비행 후 바로 비행이 없었고 회사에서도 잘 이해해주어서 일이 크게 비화되지는 않았지만, 그때 떨렸던 기억은 여전합니다. 그 이후로 저는 외출할 때 비행과 관련된 중요 서류를 개인 소지품 가방에 넣고 다니지 않는답니다.

○ 자나 깨나 여권을 확인하라

이번 에피소드는 동료의 이야기인데요. 동료 승무원 하나가 여권을 가방에 넣어두었는 줄 알았는데 막상 가방을 살펴보니 여권이 없어서 난감한 상황에 처한 적이 있습니다. 여행을 다녀온 후 여권을 다른 가방에 두고 꺼내오지 않은 거예요. 그래서 브리핑 중간에 집으로 달려가 여권을 가지고 곧장 비행기로 와야 했답니다. 만약 집이 멀었다면 그 승무원은 비행을 갈 수가 없었을 테고, 그러면 승무원이 한 사람 모자란 채로 비행이 이루어졌을 것입니다. 또 어떤 동료는 당연히 여권을 소지했다고 생각하고 비행을 떠났는데, 막상 도착지에 와서 출입국 검사대에 서고 보니 여권이 없어서 공항에 갇혀 있었다고 합니다. 생각만 해도 정말 당황스러운 상황이죠? 비행에 필요한 물품이나 각종 신분증 및 서류들을 몇 번씩 체크해야 하는 이유입니다.

그라운드(Ground)에서 하는 일

비행기가 이륙하기 전의 지상 업무는 주로 승객들이 탑승하기 전에 여러 가지를 체크하고 준비하는 일들로 이루어집니다. 먼저 회사에 출근했다는 것을 보고하고, 같이 비행할 승무원들과 모여서 브리핑을 합니다. 브리핑이란 원활하고 안전한 비행을 위해서 의견을 나누며 토론하는 일이에요. 그다음 승객보다 출발 1시간에서 최소 50분 전에 비행기에 탑승하여 안전과 관련된 점검 및 탑승 준비를 시작합니다. 그리고 출발 40분 전 승객의 탑승을 돕습니다. 이 단계에서는 이륙 전에 비행기가 안전한지 서비스 물품들은 맞게 있는지 점검 또 점검합니다.

○ 리포팅(Reporting)

비행 90분 전 또는 60분 전에 브리핑이 시작되므로 그 전에 미리 회사에 도착하거나 공항에 도착해서 본인이 도착했다는 사실을 알리고 그날의 업무를 시작합니다. 회사에 도착하면 바로 회사 카드(신분증)를 시스템에 찍어 도착 여부를 확인하고, 어느 방에서 브리핑이 이루어지는지 정보를 받아 그곳으로 가서 준비합니다.

○ 브리핑(Briefing)

브리핑이 시작되면 둘러앉아서 서로 자기소개를 합니다. 팀 비행에 배정되어 1년 동안 같이하지 않는 한 매 비행마다 다른 승무원들과 함께 일하게 되기 때문인데요. 그럴 경우 서로 자신을 소개하고 인사를 나누는 시간은 매우 중요합니다. 여러 국적이 섞여 있기에 자기소개를 할 때 자신이 어느 나라 출신인지 꼭 밝혀야 합니다.

그러고 나서 비행과 관련된 주요 사항들을 이야기하는데요. 먼저 안전과 관련된 지식을 나눈 다음 질의응답의 시간을 갖습니다. 예를 들어 비상 상황이 발생했을 때 문을 여는 방법이라든지, 산소통을 사용하는 방법, 화장실에 불이 났을 때 대응법 등을 주고받지요. 이때 대답하지 못하면 기회를 한 번 더 주어 테스트를 받게 합니다. 만약 그런데도 대답을 계속 못 하면 비행에 참여시킬지 말지를 기장과 의논하여 비행 여부를 결정합니다. 또한 응급처치에 관한 지식도 이 자리에서 검증 받습니다.

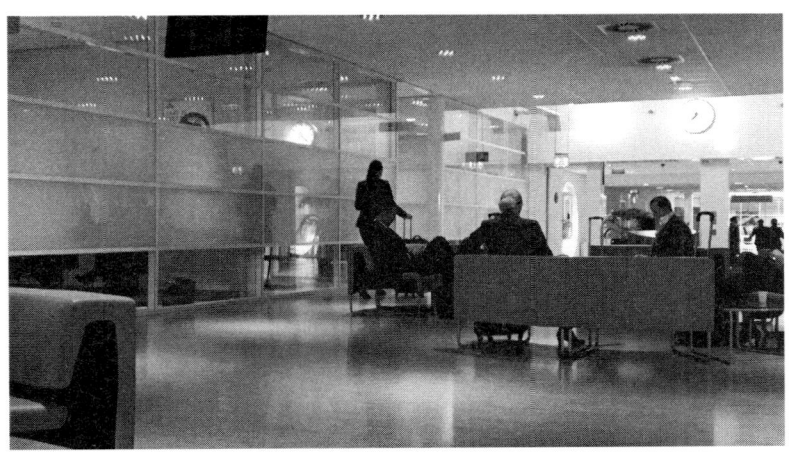

브리핑룸

    그다음 서비스 순서와 업무 절차 및 과정을 이야기하고 그 외 비행 특이 사항 등에 대해 의논합니다. 이때 사무장과 부사무장은 각각의 승무원들을 파악하여 아이콘택트는 잘하는지, 의사소통은 잘 되는지, 올바른 바디랭귀지를 사용하는지 등등 평가를 내립니다.

    브리핑은 서로를 알아 가는 시간이며 비행 정보를 나누고, 토론을 통해서 어떻게 이 비행을 효율적이며 안전하게 잘 마칠 수 있을까 의논하는 시간입니다. 매우 중요한 과정이지요. 저는 신입이었을 때 브리핑 시간이 다가오면 괜히 겁이 나고 떨렸답니다. 나중에 동료들과 비행 이야기를 하다 알게 된 사실인데, 사실 저마다 한두 가지쯤 브리핑과 관련된 사연들을 가지고 있더라고요. 제 경험에 의하면 항공사 별로 브리핑의 내용이 조금씩 달랐는데요.[7] 함께 그 특징을 살펴볼까요?

- 중동 항공사: 안전과 응급처치 관련 지식을 평가하는 데 시간을 많이 할애하는 편이다.
- 중국 항공사: 신입들에게 집중적으로 질문을 많이 하는 편이다.
- 유럽 항공사: 로컬 승무원(local crew, 해당 지역 승무원)이 있는 경우, 서로 문화의 다른 점과 해당 국민의 성격적 특징에 대해서 이야기를 많이 나누는 편이다.

탑승 준비(Preparing on Ground)

브리핑이 끝나면 승객보다 먼저 비행기에 탑승합니다. 비행기에 탑승하려고 공항을 걸어가다 보면 많은 사람들을 마주하게 됩니다. 단체로 지나가는 저희 모습을 보고 사진을 찍는 사람도 있고, 같이 기념사진을 찍자고 오시는 분도 있어요. 그러나 회사 규정상 유니폼을 입고 사진을 찍거나 각종 매체에 사진을 올리는 것은 규정에 어긋난 행

7: 개인적인 경험과 느낌에 의해서 나눠본 것이므로 "반드시 이렇다"고 단언할 수는 없다.

동이므로 승객들과 사진 촬영은 하지 못합니다. 또 어떤 분들은 "유니폼을 입고 있으니 공항 직원인가 보다" 하면서 이것저것 묻기도 하십니다. 이럴 경우엔 지상 근무 직원에게 안내해드린 다음 비행기로 이동하곤 하지요. 이제 비행기에 도착한 다음 어떤 일들을 하는지 본격적으로 알아볼게요.

o 가장 먼저 안전 체크를!

비행기 도착 후 짐을 푼 다음 자신이 맡은 문(door)이 있는 곳을 체크합니다. 문 주위에 있는 기내 안전 장비를 검사하고, 기내 선반과 의자 포켓 안, 그리고 바닥 화장실 안에 수상한 물건들이 없는지 검사합니

비행 전 기내 안전 시스템을 점검하고 있다.

다. 승무원들이 안전 체크를 잘하고 있는지 테스트하기 위해서 간혹 비행기에 싣지 못하는 물품들을 숨겨 놓기도 합니다.

언젠가 제가 평상시처럼 담당한 문을 검사하고 있었는데요. 그 반대편 문을 검사하던 승무원이 갑자기 사무장에게 인터폰을 하는 거예요. 알고 보니 문이 완전히 닫히지 않아 틈이 있었습니다. 여러 명이 문을 살펴본 후 정비공을 불러오게 되었고, 문을 다시 열어 부품을 바꾼 후에야 출발할 수 있었지요. 다행히 비행은 많이 지연되지 않았고, 덕분에 안전하게 도착할 수 있었습니다. 만약 그때 그 승무원이 제대로 확인하지 않았다면, 시간이 생각보다 훨씬 많이 지연될 수도 있었고, 어쩌면 큰 사고로 이어질 수도 있었을 텐데요. 상상만 해도 아찔한 일입니다.

○ 주방(갤리)을 체크하라!

주방 안 기계들이 잘 작동하는지, 기내 음식은 알맞게 실려 있는지, 양은 충분한지 체크합니다. 빵이 맞게 입수되었는지, 음식의 개수는 적당한지, 음료는 충분한지 등등 기내에서 서비스되는 품목들을 일일이 체크하는 거예요. 비행 노선에 따라서 스페셜 밀(special meal)이 실리기도 하므로 이때 개수가 맞는지 빠짐없이 확인해야 합니다. 스페셜 밀은 승객들이 비행을 예약하면서 미리 원하는 식사를 따로 신청한 음식이므로 특히 오차가 없어야 합니다.

기내 갤리 체크

승객들에게 서비스할 음식을 체크한다.

제가 경험한 일을 하나 말씀드릴게요. 비행 전에 승무원들은 음식이 오븐 안에 알맞게 준비되었는지 확인하는데요. 그날도 여러 음식이 오븐에 꽉 차 있었어요. 보통 때와 다를 바 없었습니다. 그런데 비행기 문을 닫고 출발하고 보니, 전혀 보지 못했던 한 가지 메뉴가 더 섞여 있는 게 아니겠어요? 인도로 가는 비행기에 들어가야 할 음식이 한국 비행에 들어온 거예요. 한국 승객들에겐 잘 맞지 않는 채식 위주 음식이었는데요. 다행히 양이 그다지 많지 않아서 불가피하게 승객들의 양해를 구하면서 음식을 제공해야 했답니다.

○ 친절하고 성의 있게 승객을 맞이하라!

승객 맞을 준비가 다 되면 기내의 지정된 위치에서 승객을 맞이합니다. 보통 여러분이 비행기에 타면 승무원들이 서서 반겨주잖아요? 바로 이 순간이죠. 이때 승무원들은 승객의 탑승권을 확인하여 좌석을 안내하고, 기내로 가지고 들어온 짐이 무거우면 이동하는 것을 도우며 짐 정리를 합니다. 휠체어를 이용하는 승객은 먼저 탑승하는데, 그분들이 자리에 잘 착석할 수 있도록 도와드려야 합니다. 또한 어린 아이 혼자서 여행할 경우에는 자리 안내와 함께 화장실의 위치나 사용법, 안전벨트 착용 방법, 비상구 위치, 콜 버튼 사용법 등을 안내해줍니다. 물론 몸이 불편한 승객에게도 마찬가지로 일반 승객과 달리 부연 설명을 자세하게 해드려야 하고요.

탑승 시 승객들이 가장 자주 부탁하는 일은 짐 올리기와 마실 물

기내 점검을 마친 승무원이 탑승객을 기다리고 있다.

요청이며, 가장 많이 묻는 것은 화장실 사용 여부입니다. 단체 관광을 온 승객들은 구성원들끼리 자리 변경을 알아서 하시기 때문에 승무원이 제자리를 안내해도 잘 듣지 않는 경우가 많답니다.

승무원들이 승객의 탑승 과정을 도우면서 가장 신경 쓰는 일은 수상한 사람이 없는지, 몸이 아픈 승객은 없는지 살피는 것입니다. 쭉 살펴보면서 혹시라도 보편적인 행동을 하지 않는 사람이 있다면 즉시 조처하도록 합니다. 제가 인도네시아에서 중동을 거쳐 다시 유럽으로 돌아갈 때 일입니다. 어떤 승객이 탑승하는 데 얼굴이 너무 창백하고 땀까지 흘리고 있는 거예요. 그분에게 다가가서 괜찮은지 여쭤보니 상태가 많이 좋지 않다고 했습니다. 저는 얼른 부사무장과 사무장에게 사실을 알린 후 승객과 다시 대화를 나누며 계속 여행할 수 있을지 여쭤봤지요. 아무래도 비행 자체가 너무 무리일 것 같았고, 행여 비행 도중 더 힘들어질 수도 있기 때문에 저는 승객 분을 내리게 하여 공항에 대기 중인 의사를 불러 진단과 치료를 부탁했습니다. 이처럼 비행을 하다 보면 종종 긴 여행 후 피로가 누적되어 환자가 발생하는 경우가 많은데요. 정도가 심할 때는 비행 도중 경로를 바꿔 중간에 도착하기도 합니다. 그러므로 승무원은 탑승객의 상태를 면밀하게 살펴서 빠르고 정확하게 판단해야 하지요. 그래야만 서로에게 피해를 주지 않는 결정을 내릴 수 있답니다.

이와 반대로 정말 신기하고도 행복한 비행을 하는 경우도 있습니다. 제 동료의 경험담이에요. 그날 동료는 하필 생일을 맞은 터였지만, 어김없이 비행에 나서야 했습니다. 생일을 타지에서 맞아 일한다는 것은 때로 우울해지는 경우인데요. 그날도 친구는 승객을 맞이하고 있었는데, 한 무리의 단체 승객들이 우르르 비행기에 올랐다고 합니다. 유소년 운동선수들이었는데, 그들이 꽃을 들고 타면서 한 명 한 명 제 친구에게 장미꽃을 주었대요. 정말 생각지도 못한 선물에 친구는 깜짝 놀랐다고 합니다. 물론 그들이 제 동료의 생일인 것을 알았던 것은 아니지만, 우연치고는 너무 즐거운 일이어서 비행 후 친구는 사진을 보여주며 환히 웃었답니다.

반면 가슴이 조마조마해지는 순간도 있습니다. 기체에 문제가 생기거나 체크인 수속을 하고 나타나지 않는 승객을 기다려야 할 때엔 정말 가슴이 오그라듭니다. 이럴 경우 출발 자체가 지연되기도 하거든요. 얼마 전에는 비행이 네 시간 정도 지연된 적이 있습니다. 전 유럽에 심한 안개가 끼어 유럽에서 오는 비행기가 모두 지연되었던 날이었어요. 승객을 기다리다 출발이 늦어졌는데 설상가상으로 비행기에 결함까지 발견된 거예요. 전원 탑승 후 문을 닫고 비행기 후진 후 이동하는 중에 기장의 안내 방송이 있었습니다. 비행기 엔진 중 하나가 고장 나서 다시 돌아간다는 내용이었어요. 결국 우리 비행기는 다시 그라운드로 돌아가 부품을 고치기 위해 1시간 30분 이상 기다려야 했답니다. 어디 그 뿐인가요? 이로 인해 연료 손실까지 발생해 연료를 재공급 받아야 했고, 날씨가 너무 춥다 보니 비행기 날개 위에 생긴 얼음을 녹이는 작업에만 장장 30분가량이 더 소요되었답니다. 승객들은 이미 다 지친 상태였지요. 물론 승무원들 역시 출발하기 전부터 지쳐 있었지만 우여곡절 끝에 안전하게 한국에 도착했습니다. 또한 언젠가 뉴욕에서는 눈사태가 심하게 일어나 이틀 정도 꼼짝 못하고 갇힌 적도 있지요. 이처럼 천재지변이나 기계적인 문제로 출발이 몇 시간 또는 하루 정도 지연될 수 있답니다.

○ 탑승 완료!

탑승이 완료된 후 문을 잠그고 나면 기내 안내 방송이 나옵니다. 환영 인사와 함께 기내 안전 방송을 시작한다는 방송이 나오지요. 기내

승객들은 개별 스크린으로 안전 교육을 받을 수 있다.

안전 방송 비디오가 상영된 즉시 승무원들은 자기 자리인 점프시트 (jump seat)에 앉습니다. 이때 콜 버튼을 눌러 뭔가를 부탁하려는 승객 들도 있는데, 이 순간에는 돌아다닐 수가 없으므로 승객들께서 양해 해주셔야 합니다. 요즘 비행기의 기종에는 개별 스크린이 있어요. 승 객들이 알아야 할 모든 사항을 기내 안전 관련 안내 비디오로 보여드 립니다. 따라서 승무원이 직접 시범을 보이는 경우는 드뭅니다. 하지 만 개별 스크린이 없거나 기내 스크린이 고장 났을 경우에는 승무원 들이 직접 기내 안전 관련 내용을 시연합니다.

방송이 끝나면 승무원들은 기내의 이륙 준비 상태를 확인하기 위해 승객의 좌석벨트 착용 유무, 등받이 제자리로 돌려놓기, 팔걸이 내리기, 테이블 접기, 창문 덮개 올리기, 비상구 통로 앞에 있는 짐 올리기, 화장실에 사람이 없는지 체크하기 등 꼭 필요한 체크 사항들을 확인한 후 자리로 돌아가서 착석합니다. 그리고 좌석벨트 착용 사인이 꺼질 때까지 자리에 앉아 있어요.

이륙 후 하는 일

본격적으로 승무원들이 바쁘게 기내를 움직이며 서비스를 하는 단계입니다. 먼저 기내화로 갈아 신고 앞치마를 착용하며 이어폰 나눠주기, 음료 서비스 제공, 식사 제공, 면세품 판매, 승객들 요청 들어주기 등 이륙 후 두 시간 동안 바쁘게 움직입니다. 그런 다음 중간 쉬는 시간이 주어집니다. 쉬는 시간에도 30분마다 기내를 돌며 음료를 제공해드리고 화장실 체크도 하고, 혹시 아픈 승객이 없는지 주의 깊게 살핍니다. 장거리 비행일 경우엔 두 번째 서비스를 준비합니다.

◘ 이륙(Take-off)합니다!

비행기가 지면에서 떨어진 후 올라가는 과정을 이륙이라고 합니다. 이때 모든 승객과 승무원들은 좌석벨트 사인이 꺼질 때까지 벨트를 착용한 상태로 자리에 앉아 있어야 합니다. 기류의 영향으로 비행기가

암스테르담 공항에서 이륙하는 네덜란드 항공

흔들릴 수도 있고 많은 변수가 생길 수도 있기 때문에 승무원의 지시
사항을 따라야 해요. 어떤 승객들은 비행기가 뜨면 괜찮은 줄 알고
무작정 자리에서 일어나 화장실에 가거나 벨트를 풀곤 하는데요. 정
말 위험한 행동입니다. 승무원의 별도 지시가 있을 때까지 꼭 앉아 있
어야 해요.

o 편안하고 쾌적한 비행을 책임집니다(Cruising)

적절한 고도에 오르면 일정한 속도로 비행하게 됩니다. 승무원들은
이때부터 본격적으로 바빠지는데요. 아기와 동승한 승객에게는 유아

승무원들이 기내에서 식음료를 서비스하고 있다.   식음료 서비스는 정성을 다해!

용 침대를 설치해주고, 일반 승객들에게는 이어폰을 나눠드립니다. 이어폰 제공은 항공사마다 다른데요. 탑승 때 나눠주는 곳도 있고, 비행 시작 후 나눠주는 곳도 있습니다. 장거리 비행 시에는 음료 서비스, 식사 서비스, 면세품 판매, 그리고 착륙 2시간 전 다시 한 번 식사 서비스를 합니다. 단거리 비행 시에는 식사 서비스와 면세품 판매가 있고요.

○ 식음료 서비스
비행이 시작되면 승무원들은 먼저 음료 카트를 이용하여 음료 서비스를 시작합니다. 그다음 이어서 식사를 제공하는데요. 서비스를 하기 위해서는 카트 위에 서랍(drawer)을 놓고 그 안에 음료수, 알코올 및 컵을 보기 좋게 배열합니다. 이때에도 나름의 정리 규칙을 따라야 해요.

음료 제공 후 나가는 식사는 주로 두 가지 옵션이 있습니다. 서양식과 한식 중 고르면 되는데, 비율은 주로 5:5나 6:4입니다. 한국 사람이라고 해서 무조건 한식을 선호하는 것은 아니기에 승객의 성향에 따라 어떤 종류의 식사가 먼저 품절될지 알 수 없습니다. 경우에 따라서 달라지지요. 식사 서비스가 수월하게 이루어지면 별 문제가 없지만 그렇지 않을 경우 계속 다른 카트에 있는 식사와 교환하거나 그것도 안 되면 승객들에게 사과하고 양해를 구해야 합니다.

승무원에게 좋은 승객이란 "어떤 메뉴를 받든 괜찮다"는 승객, 혹은 이미 이렇게 왔다 갔다 하는 것을 보고서 "그냥 남은 것으로 주세요"라고 말하는 승객이라며 저희들끼리 이야기하기도 합니다. 물론 저희도 승객들이 원하는 것을 다 제공해드리고 싶어요. 하지만 음식의 양이 정해져 있는 터라 상황에 따라 요구를 들어드리지 못하는 경우도 있습니다. 이런 상황에서는 다음 식사 때 그분들께 먼저 메뉴 결정을 하게 해드리거나 간혹 승무원들이 먹는 식사를 제공해드리는 경우도 있답니다. 또한 식사 대신 컵라면으로 대체해서 드릴 때도 있어요. 남자 분들은 식사의 양이 적다고 더 달라고 하시기도 하지요. 이따금 식사를 잘하시는 분들을 보면 엄마와 같은 마음에 먼저 "더 드시겠어요?"라고 묻기도 합니다. 별 일 아닌 것 같지만 식사 하나 더 챙겨드리고, 음료 한 잔을 알아서 더 드리는 것으로도 승객들은 매우 기뻐하신답니다. 승무원들은 그런 모습을 볼 때마다 더 열심히 일해야겠다고 생각하지요.

음식은 어떻게 따뜻하게 제공할까?

캐터링 업체에서 실어준 음식을 바로 제공하는 것이 아니라 오븐에 있는 음식을 데운 후 음식이 담긴 포장 용기를 카트 안에 있는 접시에 하나하나 넣습니다. 뜨겁게 달궈진 그릇을 만져야 되므로 승무원들은 이때 주로 고무장갑이나 목장갑, 혹은 오븐용 장갑을 이용하여 그릇을 옮깁니다.

식사가 끝나면 제공했던 접시를 거두면서 커피와 차를 서비스합니다. 한국 사람들은 식사 후 커피를 많이 드시는데요. 커피가 생각보다 많이 진해서 어르신들은 거의 드시지 않거나 따뜻한 물을 넣어달라고 요청하기도 하시지요. 또 개중에는 음료를 받아 놓고 먹지 않고 있다가 다시 달라고 하는 분들도 있습니다. 같이 일하는 외국 동료들은 "왜 한국 사람들은 음료나 커피를 먹지도 않으면서 달라고 하냐?"면서 이따금 불만을 토로하기도 합니다. 서비스 품목인 만큼 무의식적으로 받아두는 분들이 있는 것 같은데요. 꼭 필요한 경우가 아니라면 거절하셔도 될 것 같습니다.

○ 면세품 판매
식사와 티타임이 마무리되면 그다음으로 면세품을 판매합니다. 한국에서 나가는 비행보다 한국으로 들어가는 비행에서 대개 면세품 판매가 많이 이루어지는데요. 여성 승객들은 화장품 구매를 주로 하시고, 남성 승객들은 술을 많이 사십니다. 단체 관광을 하시는 분들은 주로 한 분이 사면 다른 분들도 덩달아 같은 제품을 구매하곤 하시지요. 항공사마다 다르긴 하지만, 면세품 판매를 위해 회사에서 잔돈을 준비하는 경우도 있고, 판매하는 승무원이 개별적으로 준비하는 경우도 있습니다. 예전에 다녔던 회사에서는 면세품 판매를 위해서 여러 나라 화폐의 잔돈을 50만 원가량 구비하고 다녔답니다. 면세품 판매 시 계산을 잘못하여 개인적으로 모자라는 액수를 보충해 회사에 제출하는 경우도 종종 발생하지요.

o 휴식 시간 보내기

장거리 비행일 경우 서비스가 다 끝나면 중간에 교대로 벙커에서 휴식을 취합니다. 벙커에서는 주로 잠을 자게 되는데요. 정말 피곤할 때는 기절한 것처럼 잠을 자지요. 어떤 때엔 너무 한쪽으로 자서 얼굴에 베개 자국을 내고 기내로 오기도 합니다. 벙커에 가지 않는 승무원들은 갤리에서 쉬면서 시간마다 화장실을 청소하거나 기내를 돌며 음료를 제공하지요. 또한 다음 서비스를 위해서 오븐에 음식을 채워놓고 준비합니다. 2~3시간 동안 깨어 있는 승객들과 대화를 나누기도 하고, 어린 아이들과 놀아주기도 하며, 유럽 항공사 같은 경우엔 자율적으로 앉아서 책을 읽기도 합니다(단 본인이 맡은 일을 다해놓고 남는 시

어린 승객들을 엄마의 마음으로 보살피는 것도 승무원의 주요한 업무다.

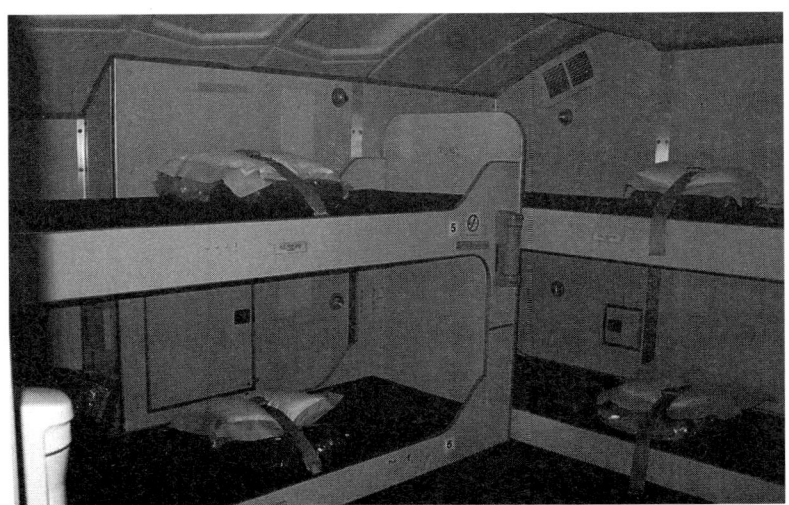

승무원들의 휴식 공간인 벙커

간에만요). 중동 항공사에서는 승무원들이 비행 중에 휴대폰을 하거나 책이나 잡지 등을 읽지 못하게 하므로 주로 동료들과 이야기를 나누거나 승객들과 이야기를 나누며 비행합니다.

저도 중동에서 브라질 상파울루로 가는 도중 유럽피안 소녀와 쉬는 시간 내내 같이 놀아줬던 기억이 있습니다. 아이가 수줍게 다가오기에 같이 이야기도 하고 장난감도 주면서 놀아주었더니 어느새 정이 들었던 것 같습니다. 자기는 부에노스아이레스로 가는데 같이 갔으면 좋겠다고 제 품에 안겨 말을 건네던 소녀가 떠오릅니다. 물론 비행 이후에 헤어졌지만 소녀에게 오랫동안 기억에 남는 승무원이 되었으면 좋겠습니다.

기억에 남는 승객이 또 있는데요. 중동에서 스페인으로 가는 비행이었는데, 비즈니스 클래스에 한국인 승객이 한 분 타고 있었습니다. 그날 저는 비즈니스 클래스를 담당하고 있었는데요. 제가 일하는 구역은 아니었지만 사무장에게 의사소통에 어려움이 있는 분인 만큼 제가 서비스하겠다고 제안했습니다. 아저씨께서는 외국 항공사에서 한국인 승무원을 만날 거라고 예상을 못했는데 만나게 되어서 너무 반갑고 한국말을 할 수 있어서 안심이 된다고 하셨지요. 저는 비행하는 동안 어떤 음식이 잘 맞을지 제안해드리고 음료도 여러 가지 제공해드렸습니다. 또한 대화를 통해 친척 결혼식에 참석하러 간다는 말씀을 듣게 되어 어디에 가시면 좋은지 이야기도 해드렸어요. 그분은 아들이 있으면 꼭 소개시켜주고 싶다는 말씀과 함께 아주 즐겁게 비행기에서 내리셨고 회사 메일을 통해 칭찬 레터를 보내셨답니다.

비행 중간 중간 승객들과 대화하다 보면 다양한 삶을 살아가는 사람들을 만나게 되고, 다양한 문화를 접할 수 있어서 참 좋습니다. 직접 그 나라에 가보지는 않았지만 좋은 사람들 덕분에 어떤 나라에 대한 좋은 기억을 지닐 수 있으니까요. 예를 들어 저는 비행하는 동안 한 번도 러시아에 가본 적이 없지만, 러시아에서 온 어떤 승객 덕분에 '러시아인들은 술을 좋아하고 거칠다'는 편견을 깨게 되었답니다. 비행 도중 지루하기도 하고 몸이 뿌듯하여 스트레칭을 하고 있는데 어떤 승객이 말을 거는 거예요. 자기 아내는 러시아 공항에서 일을 하는데 전 세계 승무원들의 사진과 볼펜을 모은다는 이야기였어요. 그러면서 저와 사진을 찍어 가면 아내가 좋아할 거라더군요. 저는 기꺼이 사진을 같이 찍었고, 그분은 제게 아에로플로트 러시아 항공사의 기념 볼펜을 주었답니다. 잠깐 동안이었지만 그분으로 인해 러시아인에 대한 좋지 않은 편견을 깰 수 있었답니다.

그 밖에 휴가 때 놀러오면 가이드를 해주겠다던 이탈리아 피렌체에서 오신 풍채 좋은 아저씨, 식사 초대를 해준 대한항공에서 일하는 대만 아저씨 등등 부모님처럼 마음을 써주던 좋은 승객들도 기억에 남습니다. 이런 분들을 만나면 어느새 힘이 나지요.

착륙 전 하는 일

비행기가 안전하게 착륙할 수 있도록 준비하는 단계입니다. 식사 서비스를 제공하고 먹은 그릇을 다 치운 후 사용했던 서비스 물품들을 제자리로 넣어두고 정리합니다. 나라 별로 입국 시 필요한 입국 서류를 제공해드리고 환승 방법 및 입국 서류 안내 관련 방송을 합니다. 그후 기장의 지시에 따라 착륙 30분 전에 착륙 준비 안내 방송을 합니다. 안내에 따라서 이륙 전과 같이 승객들이 안전하게 착륙할 수 있도록 하는 일들이 이 단계에서 가장 중요한 일입니다.

○세관 신고서 및 입국 카드 작성

착륙 전 마지막으로 입국 시 필요한 세관 신고서 및 입국 카드를 나눠드리고, 작성하는 데 도움이 필요한 승객이 있으면 돕습니다. 나이가 드신 승객들은 글자가 잘 보이지 않아 작성하는 데 어려움이 많거든요. 또한 처음 해외여행에 나선 분들도 입국 카드를 어떻게 작성해야 하는지 잘 모르는 경우가 많고요. 그런 분들을 보면 방법을 안내하기도 하고, 직접 작성해드리기도 합니다. 한번은 영어를 잘 못하는 말레이시아 분들이 단체로 탑승한 적이 있었는데요. 저는 그날 대략 20~30명 승객

승객의 입국 카드 작성 돕기

들의 입국 카드 작성을 일일이 살펴드렸답니다. 다행히 비행시간이 길고 여유가 있었기에 그분들을 기꺼이 도울 수 있었는데요. 그날 하루는 왠지 제가 여행 가이드가 된 기분이더군요.

○ 물품과 승객을 제자리에!

이륙 때와 마찬가지로 안전하게 착륙할 수 있도록 모든 것을 원래 위치대로 돌려놓고, 승객들에게는 지금이 마지막으로 화장실을 이용할 수 있는 순간이라고 이야기해드립니다. 그러고는 모든 승객을 제자리에 앉게 하지요. 물론 이때 황당한 일이 벌어지기도 합니다. 다카로 비행할 때였어요. 그날 탑승한 승객 대부분은 교육을 제대로 받지 못한 분들이었답니다. 비행기도 처음 타보는 터여서 모든 것을 낯설어했지요. 화장실 문을 어떻게 여는지, 변기를 어떻게 사용하는지도 모르는 분들이었습니다. 아니나 다를까, 화장실에 가보니 상태가 한마디로 폭탄을 맞은 것 같았지요. 대변 처리가 미흡하여 화장실 안팎으로 변이 묻어 있는 거예요. 보는 순간 절로 소리를 지를 뻔했지만 애써 참고 위생장갑과 소독제로 치운 적도 있답니다. 그 순간, '내가 이런 일까지 해야 되나' 하는 생각이 들었는데요. 제 모습을 본 그분들이 매우 미안해하면서 내릴 때 "Thank you"를 거듭하며 손을 잡아주는 바람에 오히려 제가 더 미안한 마음이 들었더랬지요.

• 진상 승객 : 친구들이나 주위 사람들은 제가 승무원이라고 소개하면 주로 진상 승객들에 대해 묻습니다. 뉴스에 나오는 사건 사고들이 워낙 많아서 그런 것 같아요. 워낙 많은 사람들이 비행기를 타다 보니 당연히 대응하기 힘든 승객들을 만나기도 합니다. 저는 직접적으로 승객에게 물리적 폭력을 당한 적은 없지만, 간혹 언어폭력을 경험한 적은 있습니다. 한국 사람들은 조금 다혈질적인 면이 있어서 조금만 서비스가 늦거나 하면 화를 내거나 짜증을 많이 내십니다. 조그만 일에도 소리를 지르거나 욕을 하는 경우도 있고요. 그럴 때는 참 민망하지요.

• 버럭 승객 : 외국 항공사에서 일할 경우 한국으로 가는 노선에는 오직 한 종류의 한국 신문만 제공됩니다. 그런데 어떤 남자 분이 탑승하자마자 자기가 보는 신문이 없다면서 버럭 화를 내더니 차마 듣기 힘든 욕을 하는 거예요. 주위 승객들이 다들 쳐다보는데도 그는 전혀 아랑곳 하지 않고 한참 동안 욕을 하더라고요. 이러저러한 사정이 있다고 설명해드렸지만 저희 이야기는 듣지 않았고, 그저 화를 내며 자기 말만 하다가 겨우 끝났답니다. 만약 그 승객이 계속해서 비행을 방해 할 만큼 난동을 부렸다면 경찰을 불러서 출발 전에 내리게 하거나 한국에 도착하는 즉시 경찰에게 이송했을 테지요.

• 취한 승객 : 술을 많이 먹는 남자 승객들은 간혹 행동이 지나쳐 승무원을 위협하기도 합니다. 이럴 때는 항공사 규정에 따라 1차 경고를 하고, 그래도 심하게 행동할 때엔 수갑을 채워 자리에서 일어나지 못하게 합니다. 수갑을 채우는 과정은 트레이닝 받을 때 이미 실습을 통해서 연습하게 되는데요. 이때 최소 세 명의 승무원이 필요합니다. 이런 상황이 발생하면 주위의 남자 승객들이 자진해서 도와주기도 합니다. 한 번은 덩치가 아주 큰 유럽 남성분이 술을 먹고 갑자기 난동을 피우며 창문을 주먹으로 3~4번 내리쳐서 창문 유리에 금이 간 적이 있었습니다. 다행히 비행기 창문은 세 겹으로 되어 있어서 비행에는 지장이 없었지만, 그는 다른 승객에게 위화감을 조성했을 뿐더러 비행기에 손상을 입혔기에 도착 즉시 현지 경찰에 연행되었습니다.

• 투덜이 승객 : 마드리드에서 도하 비행을 할 때였어요. 스페인 남성분 때문에 비행 내내 정말 힘들었던 적이 있습니다. 탑승 때부터 표정이 좋지 않았던 그는 이륙 전까지 계속 전화 통화를 하고 있었는데요. 안전 규정상 이륙 시에는 전자파를 발생하는 휴대폰을 꺼야 하며, 좌석벨트를 반드시 착용해야 합니다. 몇 번이나 부탁했는데도 그는 주의사항을 듣지 않았고, 기어이 완전히 무시하더라고요. 다른 승무원이 가서 강력하게 요구하자 마지못해 전화를 끊더니 좌석벨트를 맸습니

다. 그 뒤로 그는 비행하는 내내 모든 사항에 꼬투리를 잡고 콤플레인을 했는데요. 심지어 타 항공사와 계속 비교하면서 "이 항공사는 왜 이렇게밖에 못 하느냐?"면서 따지기까지 했습니다. 감정적으로 너무 힘들어져서 사무장에게 보고했더니 "이해한다"면서 "아무리 힘들어도 얼굴 표정에 신경쓰고 더 아무렇지 않다는 듯이 행동하라"고 팁을 주었습니다. 웃음이 나올 상황이 절대 아니었지만 저는 사무장의 팁대로 그 승객이 뭐라 하든 더 웃으면서 친절하게 응대했습니다. 그랬더니 결국 그 승객도 지시사항에 따라주더라고요. 능숙한 승무원이 되려면 무엇보다도 자신의 감정을 잘 컨트롤해야 한다는 것을 절감했던 순간이었습니다.

- **아픈 승객** : 비행을 하다 보면 주로 급체 때문에 토하는 승객들이 많습니다. 화장실에 미처 닿기 전에 자리에 토하는 승객, 주방에 있는 쓰레기통에 머리를 박고 토하는 승객들을 만나면 정말 난감한데요. 그중 좌석에서 토할 경우가 제일 힘든 경우입니다. 이럴 때엔 냄새를 제거하기 위해 스프레이를 뿌리거나 티백(tea bag) 같은 커피백을 바닥에 깔곤 합니다. 또 심장병 이력을 가진 승객을 만난 적도 있습니다. 심장 수술을 했던 아주머니 한 분이 착륙 전 호흡 곤란을 호소했는데요. 그때 저는 응급처치로 착륙할 때까지 옆자리에 앉아 산소통을 들고 산소를 제공해야 했습니다.

착륙(Landing) 후 하는 일

승객들이 마지막까지 안전하게 내릴 수 있도록 신경을 써야 합니다. 우선 문이 안전하게 열릴 수 있도록 도어 슬라이드 형태를 disarm으로 바꾸고 승객들과 마지막으로 인사를 나눕니다. 승객들이 다 내린 후에도 혹시 두고 내린 물건이 없는지 확인하고, 기내 물품을 제자리로 넣어두었는지 다시 한 번 점검합니다. 비행기가 도착했다고 일이 다 끝난 것이 아니랍니다. 승무원이 모두 비행기에 내려서 공항을 벗어나야만 비행이 완전히 끝난 것이지요.

○ 굿바이 방송

착륙 후에는 굿바이(good bye) 안내 방송을 합니다. 이때 승객들은 비행기가 완전히 게이트(gate)에 도착할 때까지 앉아 있고, 승무원들은 기장의 안내에 따라 비행기 문을 열 수 있게끔 슬라이드 모드로 바꿉니다. 그리고 비행기 문에 달려 있고 비상 탈출 시 필요한 슬라이드(slide) 및 보트(raft)를 다시 안으로 집어넣을 수 있게 설정을 바꿉니다.

○ 비행기에서 내리기

연결 통로 다리가 비행기에 연결되면 문을 열고 비행기에서 내립니다. 승객들이 다 내렸는지 확인하고 다시 한 번 기내에 남은 짐이 없는지 살핍니다. 체크가 끝나면 다 같이 비행기에서 내려 정해진 숙소로 이동합니다. 한국이 도착지일 경우, 한국 승무원들은 각자의 집으로 갑니다.

○ 디브리핑(Debriefing)
비행하는 동안 승무원들 간에 갈등이 발생하거나 해결해야 되는 문제가 있을 경우 다시 브리핑을 하는데요. 이를 디브리핑이라 합니다. 잘못된 점을 다시 한 번 토론을 통해 바로잡고 문제를 해결하기 위해 하는 것으로 자주 일어나는 편은 아닙니다.

목적지에서 하는 일

레이오버 비행을 할 경우 회사에서 정해놓은 호텔 숙소에서 머뭅니다. 짧게는 18시간에서 길게는 60시간까지 머물며 휴식을 취하거나 개인 활동을 합니다. 주로 호텔에서 제공한 버스를 타고 호텔에 도착한 후 방 배정을 받는데요. 보통 1인당 한 방을 배정받으며 항공사에 따라 두 명이 한 방을 쓰는 경우도 있습니다. 그 이후는 개인의 스케줄에 따라서 원하는 것을 하면 됩니다. 비행하는 동안 마음에 맞는 동료를 만날 경우엔 같이 밥을 먹으러 나가기도 하고, 유명한 관광지일 때엔 같이 관광을 나가기도 해요. 그래서 비행하는 동안 주로 승무원끼리 도착해서 무엇을 할지 서로 의견을 묻곤 하지요. 쇼핑을 하는 사람, 뮤지컬을 관람하는 사람, 삼삼오오 나가 유명한 곳을 돌아보거나 맛집을 방문하는 사람도 있습니다.

제가 중동 항공사에서 일할 때엔 중동에서 돼지고기 및 술이 금지되어 있었기에 다른 나라로 비행을 가면 꼭 현지 맥주를 맛보곤 했답니다. 국적이 다양한 동료들과 외출하다 보면 간혹 의견이 많이 달라서 먹는 것을 정할 때 시간이 많이 걸리기도 하는데요. 경력이 많은 승무원들은 이미 여러 번 와본 곳이어서 방에 들어가 잘 나오지 않는 경우도 많습니다.

컨디션이 좋지 않을 때엔 도착하자마자 씻고 그 다음날까지 자는 경우도 있어요. 휴스턴으로 비행을 갔을 때엔 감기에 걸려서 도착 즉시 호텔 앞에 있는 식당에서 쌀국수를 먹고 땀을 엄청 흘린 다음 하루 종일 잠만 잤답니다. 다행히 푹 쉬었던 덕에 감기를 물리칠 수 있었고, 돌아갈 때는 건강한 상태로 비행할 수 있었지요.

비행을 시작한 지 얼마 되지 않았을 때는 갈 수 있는 노선이 많고 가보지 못한 곳도 많았기에 비행 전날부터 설레곤 했는데요. 도착하면 어디로 갈 것인지 사전 조사를 하며 리스트를 만들기도 했습니다. 그럴 때면 일을 하러 가는 게 아니라 여행 가는 기분이 들었지요.

승무원 일은 스케줄대로 움직이는 근무이다 보니 휴일과 상관없이 일하게 됩니다. 덕분에 언제인가부터 요일과 상관없이 쉬는 날이 주말이 되어버렸지요. 명절은 놓치기 일쑤였고요. 승무원을 하다 보면 한 달이라는 개념도 비행을 몇 번 하는지로 판단하게 된답니다. 주로 4~5번의 비행, 혹은 그 이상을 하게 되면 한 달이 끝나게 되므로 시간이 아주 **빨리** 지나가는 것처럼 느끼곤 하지요. 따라서 승무원들은 레이오버에서 생일을 맞기도 하고, 크리스마스나 명절을 타지에서 맞는 경우가 비일비재합니다.

가족들과 같이 보내지 못해서 아쉽고 서운한 마음도 크지만, 세계 곳곳에서 다양한 경험을 할 수 있다는 점은 매우 큰 매력인 것 같아요. 가수 싸이의 '강남스타일'이 유행했을 때는 워싱턴 입국소 앞에서 춤을 추기도 했고, 12월 31일 호주 퍼스에서 새해를 맞이하면서 클럽 안에서 강남스타일에 맞춰 다 같이 춤을 추기도 했답니다.

쉬는 날 및 휴가 때 하는 일

쉬는 날은 휴식을 취한 후 취미 활동을 합니다. 운동을 하거나 영화를 감상하기도 하고, 날씨가 좋을 때엔 야외활동도 하지요. 주위에 보면, 빵 굽는 친구도 있고, 꽃꽂이를 배우는 친구도 있고, 사진을 찍으러 다니는 친구들도 있는데요. 이 시간에는 주로 생활에 활력을 불어넣기 위해 그동안 배우고 싶었던 것을 배우거나 좋아하는 일들을 합니다. 저는 한동안 캘리그래피를 배웠고, 여름에는 웨이크 보드를 타기도 했어요. 또 한동안 못 만났던 친구들을 만나 즐거운 시간을 보내기도 합니다. 또한 휴가 기간에는 평소 가보고 싶었던 곳으로 여행을 떠나기도 합니다. 승무원이 가질 수 있는 가장 큰 혜택 중 하나인 직원 할인 티켓을 쓸 수 있어서 여행이 수월하거든요. 다만 성수기일 경우엔 비행 좌석이 없어서 놀러 가기가 좀 어렵지요. 그래서 주로 성수기를 피해서 가는데요. 요즘은 1년 내내 성수기처럼 여유 좌석이 없는 것 같습니다. 또한 이 시간에는 부모님을 모시고 여행을 가거나 친한 친구와 함께 가까운 곳으로 나들이를 떠나기도 합니다.

쉬는 날은 재충전의 시간이기도 합니다. 휴식을 취하여 피로를 풀고 원 없이 잠을 자기도 합니다. 운동을 좋아하는 사람들은 그동안 못한 운동을 하고, 마사지를 받으며 뭉친 근육을 풀기도 하지요. 휴식 시간을 자기계발 하는 데 투자하는 동료들도 많습니다. 비행하다가 만나는 승무원들을 보면 꿈과 목표가 많아서 자기계발을 소홀히 하지 않는데요. 일하면서 다른 꿈을 이루기 위해 대학원에 다니는 사람도 있고, 다른 언어를 배우기 위해서 어학을 공부하는 사람도 많답니다. 주로 영어 이외에 중국어, 일본어, 아랍어, 스페인어, 불어 등을 공부하지요. 그 외에도 이 일을 하다가 더 필요한 부분이 있다고 느끼면 배우는 데 주저하지 않고 남는 시간을 모두 활용하는 편입니다.

2부

승무원 입사
미리보기

국내 항공사와 외국 항공사

승무원이 되기 위해 본격적으로 준비를 시작했다고 상상해봅시다. 어떤 것들을 미리 알아두어야 할지, 어떻게 준비해야 할지 궁금하시죠? 이번 시간에는 여러분이 취업할 수 있는 항공사에 어떤 회사들이 있는지 함께 탐색해보겠습니다. 국내에 적을 둔 항공사도 있을 테고, 외국에 적을 둔 항공사도 있을 테지요? 차근차근 둘러볼까요?

ㅇ 국내 항공사에는 어떤 곳들이 있을까?

국내 항공사는 대형 항공사(FSC, Full Service Carrier)와 저가 항공사(LCC, Low Cost Carrier)로 분류됩니다. 먼저 대형 항공사는 음료 서비스, 식사 서비스, 기내 휴대용품 등이 제공되는 풀 서비스를 지향하는 항공사를 말합니다. 장거리 노선(미주/유럽/동남아등)이 다양하고 항공료가 비싼 편이지요.

대형 항공사는 장거리 노선까지 운항하므로 좌석 수가 많고, 화물을 많이 실을 수 있는 대형 비행기를 이용합니다. 우리나라의 대표적인 대형 항공사로 대한항공과 아시아나항공이 있습니다.

저가 항공사는 기내의 서비스를 간소화했기 때문에 항공료가 저렴한 편이며, 대부분 소형 비행기를 이용합니다. 또한 장거리 노선보다는 국내, 중국, 일본, 아시아권 같은 단거리 노선을 주요 노선으로 운항하고 있는데요. 승객들께 즐거움을 드리기 위한 다양한 이벤트를 선보인다는 특징이 있습니다. 예를 들면, 승객들이 비행기 안에서 기억에 남을 만한 추억을 쌓을 수 있도록 특별하게 사진을 찍어드리기도 하고, 비행시간 동안 지루하지 않게 마술을 보여드리기도 합니다. 그리고 생일을 맞이한 고객에게는 생일케이크와 함께 승무원들이 축하 노래를 불러주기도 해요. 이렇게 손님들을 위해서 새로운 이벤트를 선보이면서 즐겁고 행복한 기억을 선사해드리려고 노력하지요.

최근 저가 항공사가 급증한 덕에 국내에서 승무원으로 일할 수 있는 기회도 많아졌답니다. 채용 인원도 늘었고요. 그런 만큼 승무원을 꿈꾸는 학생들에겐 좋은 기회가 될 수 있습니다. 대표적인 저가 항공사로는 제주항공, 진에어, 이스타항공, 티웨이항공, 에어부산, 에어서울 등이 있습니다.

○ 외국 항공사의 종류

전 세계에 수많은 항공사들이 존재하므로 외국 항공사 가운데 한국을 취항하는 대표적인 항공사를 알아보도록 해요. 이들 항공사는 국내 항공사와 공동으로 운항을 하는 경우가 많아요. 또한, 한국을 방

대한항공

아시아나항공

제주항공

진에어

이스타항공

티웨이항공

에어부산

에어서울

문하시는 외국인 승객들의 탑승 비율이 높은 편이며, 국내 항공사가 취항하지 않은 나라의 다양한 노선 및 시설이 좋은 항공기를 보유하고 있습니다. 제일 좋은 점은 대부분 한국인 승무원들이 탑승하고 있기 때문에 영어를 못하는 승객들도 걱정 없이 이용하실 수 있고, 이에 따라 한국인 승객들의 이용이 늘고 있는 추세입니다. 또한, 각 항공기를 보유한 나라의 전통 문화를 조금이나마 체험할 수도 있다는 장점도 있습니다. 하지만, 서비스를 제공하는 데 있어 한국 문화와 조금 다른 서비스 태도를 지니고 있으므로 처음 이용하시는 승객들은 불편할 수도 있습니다.

- 중동 항공사 : 에미리트항공(EK), 카타르항공(QR), 에티하드항공(EY)
- 유럽 항공사 : 네덜란드항공(KLM), 에어프랑스(AF), 루프트한자(LH), 핀에어(AY)
- 중국 항공사 : 에어차이나(CA), 동방항공(MU), 남방항공(CZ)
- 동남아 항공사 : 싱가포르항공(SQ), 말레이시아항공(MH), 타이항공(TG), 베트남항공(VN)
- 홍콩 항공사 : 케세이퍼시픽(CX), 에어마카오(NX), 드래곤항공(CNY)

에미리트항공

카타르항공

네덜란드항공

에어프랑스

루프트한자

핀에어

동방항공

에어차이나

싱가포르항공

타이항공

케세이퍼시픽

에어마카오

취업 준비, 어떻게 할까?

국내 항공사와 외국 항공사 선발 기준

국내외 항공사의 종류를 알아보았으니 이번에는 선발 기준을 중심으로 어떤 점들이 좋고 나쁜지, 특징은 무엇인지 비교해봅시다. "지피지기 백전백승"이라 했으니, 각 항공사의 특징을 샅샅이 꿰고 있는 편이 유리하겠지요? 최근에는 국내 여행만큼 해외여행을 많이 다니는데요. 그런 탓인지 국내 항공사뿐 아니라 외국 항공사에서도 승무원을 더 많이 채용하고 있답니다. 채용 인원의 수가 계속 늘어나고 있지요.

그렇다면 항공사 승무원이 되려면 어떤 조건들을 갖춰야 하는지, 준비를 마치고 나면 어떤 절차를 거쳐 채용되는지 알아봐야겠지요? 승무원이 되고 싶은 학생들에게는 이 부분이 가장 궁금할 것 같습니다. 간단히 국내 항공사 승무원과 외국 항공사의 승무원 선발 기준에 대해 설명할게요.

○ 국내 항공사 지원 자격

자격 구분	지원 자격
학력	전문학사 이상 학력 소지자(기 졸업자 및 졸업 예정자 포함)
전공	제한 없음
어학 능력	국내 정기 TOEIC 성적(지원 마감일 기준 마감 2년 이내) 및 어학성적 우수자 우대, 제2외국어 가능자 우대
신체조건 및 시력	기내 안전 및 서비스 업무에 적합한 신체조건, 시력 1.0 이상 (교정시력)
기타	남자의 경우 병역을 필하였거나 면제된 사람

○ 외국 항공사 지원 자격

자격 구분	지원 자격
학력	고등학교 졸업 이상 및 해외 취업 조건에 필요한 학력
전공	제한 없음
어학 능력	외국어 능력 시험 점수가 필수는 아님 외국어로 대화할 수 있는 능력 필요.
신체조건 및 시력	키 157cm이상, 시력 1.0 이상(교정시력), 암리치 210cm 이상 요구하는 항공사도 있음
기타	남자의 경우 병역을 필하였거나 면제된 사람

국내 항공사와 외국 항공사의 선발 기준은 위의 표에서 보시는 것처럼 조금 다릅니다. 국내 항공사에 지원할 수 있는 학력 조건은 전문대 이상 졸업자로 한정되어 있고요. 다만, 회사 측에서 요구하는 필수 전공이나 선호하는 전공은 따로 없습니다. 또한 면접을 한국어로 진

행하기 때문에 외국어 능력을 보여줄 수 있는 어학 점수가 필요하지요. 최근 중국 관광객의 수요가 늘어나면서 중국 노선이 많이 생기고 있는 추세라 제2외국어로 중국어나 일본어를 잘한다면 이 부분을 반드시 기재하여 본인의 능력을 어필하는 것이 좋습니다.

신체조건은 기내에서 일할 때 불편함이 없을 정도의 키와 몸무게인지 측정하는 정도고요. 시력은 교정시력 기준 1.0 이상이 되어야 합니다. 최근에는 남자 승무원들을 많이 뽑고 있어서 기타 사항을 통해 병역 부분이 충족되었는지 묻기도 합니다.

그렇다면 외국 항공사의 승무원 선발 기준은 어떨까요? 한번 비교해봅시다. 외국 항공사는 각 나라마다 그 지역에 거주할 수 있는 항공사 승무원을 채용합니다. 따라서 그 나라에서 요구하는 워킹 비자, 즉 해외 취업 비자를 받아야 하는데요. 취업 비자 발급 시에 필요한 학력을 요구하는 이유이지요. 예를 들어, 중동 항공사의 경우엔 학력이 고등학교 졸업 이상이면 워킹 비자 발급이 가능하기 때문에 학력 조건이 낮고요. 싱가포르 항공사나 동남아 항공사의 경우에는 4년제 대학 졸업을 필수 조건으로 요구하는 경우도 있습니다. 이처럼 나라마다 혹은 항공사마다 요구 조건이 달라질 수 있으므로 여러분이 가고자 하는 항공사를 미리 선택한 뒤 취업 조건을 자세히 알아보고 준비해야 합니다. 가장 중요한 것은 외국 항공사의 면접은 모두 영어로 진행된다는 점입니다. 그러므로 면접을 통과하고, 다른 동료들과 어울려 원활하게 업무를 수행하려면 일정 수준 이상의 어학 능력을 갖추어야 합니다. 기내에서 만나는 승객들 대부분이 외국인이므로 그들과 무리 없이 대화하려면 역시 영어 능력은 필수겠지요?

신체조건은 국내 항공사와 마찬가지로 기내에서 일할 때 불편함이 없어야 하는 정도인데요. '암리치(arm reach)'라는 것은 앞의 1부에서 설명했듯이 일어서서 일할 때 기내 선반에 손이 닿는지를 보는 기준입니다. 즉, 발 뒤꿈치를 들고 한쪽 팔을 뻗어 나오는 최대의 길이를 말합니다. 대부분의 외국 항공사의 승무원 면접 시에는 암리치의 필수 자격조건은 208~212cm를 기준으로 합니다. 일반적으로 신장이 157cm 이상만 되면 암리치는 무난하게 통과하지만, 지원자 스스로 정확한 자신의 암리치를 재보는 것이 좋습니다.

시력은 교정시력 1.0 이상이 되어야 합니다. 하지만 근무할 때 안경 착용도 가능하답니다. 외국 항공사는 예전부터 남자 승무원의 채용도 활발히 이루어졌는데요. 남자 승무원의 경우에도 특별히 다른 조건은 없지만, 아무래도 병역 부분이 충족된 분이어야 해외 근무가 가능하겠죠?

○ 선발 조건은 크게 다르지 않아!

국내 항공사와 외국 항공사는 전체적으로 승무원을 선발하는 기준이 크게 다르지 않습니다. 다른 점이 있다면 각 항공사마다 이용률이 높은 승객을 기준으로 채용한다는 점입니다. 즉, 어떤 국적을 가진 승객들이 많은가에 따라 승무원 채용 시 고려하는 점이 달라진다는 뜻

암리치 테스트

인데요. 따라서 국내 항공사를 지원하는 친구들은 한국인 승객 및 아시아권 승객들의 이용률이 높은 편이라는 점을 염두에 두어 한국 정서에 맞는 모습을 갖추고 면접을 준비하는 것이 좋습니다. 반면, 외국 항공사를 지원하는 친구들은 다양한 국적의 외국 승객들이 탑승하는 탓에 외국인 동료들과 잘 협력할 수 있는 모습을 보여주는 것이 중요합니다. 그러므로 면접에 임할 때 타 문화에 대한 이해와 배려하는 마음을 갖추고 친근한 모습을 보여주는 것이 중요하지요.

국내 항공사와 외국 항공사 면접 절차

서류 전형에 합격하면 면접을 치러야 합니다. 이는 국내 항공사나 외국 항공사 모두 적용되는 과정인데요. 학교든 회사든 새로운 곳 어딘가에 들어가기 위해 면접을 치르는 것은 언제든 떨리게 마련입니다. 하지만 준비를 잘하면 문제없어요! 마음을 가다듬고 하나씩 알아봅시다.

ㅇ 국내 항공사 면접 절차

• 온라인 입사 지원 : 홈페이지 내 일정 확인 후, 지원 자격이 되는 자에 한해서 온라인으로 지원할 수 있습니다.

• 서류 전형 : 항공사에서 온라인으로 작성한 서류를 검토한 다음 합격자를 발표합니다.

• 1차 실무 면접 : 지원한 항공사에 적합한 인재를 뽑기 위한 절차로 1차는 인사과 실무진들이 진행하며, 지원한 항공사에 관한 질문 및 시사 문제를 통해 지원자의 생각을 알아보는 면접입니다.

• 2차 임원 면접 : 1차 실무 면접 합격자에 한해서 2차 면접이 진행되며 지원자의 전공, 어학 능력, 취미 등 지원자 개인에게 맞춤식 질문을 하여 각 지원자에 대해 깊이 있게 알아보는 면접입니다.

• 체력 및 인성 검사 : 항공사 승무원의 직업 특성상 건강한 신체 기준이 요구되기 때문에 국내 항공사에서는 체력 검사를 따로 진행하며, 승무원에 적합한 성격을 지니고 있는지 인성 검사도 병행합니다.

• 최종 합격자 발표 : 최종적으로 이 모든 과정을 통과하면 입사 결정을 통보합니다.

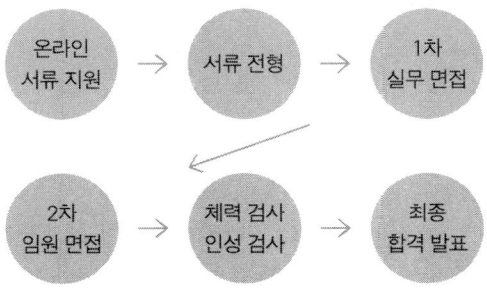

o 외국 항공사 면접 절차

입사 지원~1차 면접 : 온라인 및 오프라인 방식으로 진행되며, 입사 지원과 서류 전형을 거쳐 1차 면접을 치릅니다. 이 과정에는 아래와 같은 세 가지 방법이 있습니다.

1. 오픈 데이(open day) : 홈페이지에 개시된 날짜/장소(국가)/시간을 확인한 다음 필요한 서류를 준비하여 직접 찾아가서 지원하는 방식입니다(서류 전형부터 시작).

2. 어세스먼트 데이(assessment day) : 지원하는 항공사 홈페이지에 온라인으로 입사 지원을 하면 서류 전형에서 합격한 지원자에게 다음 단계의 면접에 참여할 수 있다는 초청장을 발송해줍니다. 이때 지원자는 본인이 참여 가능한 날짜/장소(국가)/시간을 확인한 다음 참여 여부를 통보하고 면접에 응합니다.

3. 대행사를 통한 지원: 항공사 가운데엔 서류 전형부터 1차 면접까지 대행사(학원 및 한국산업인력공단 등)을 통해 전 과정을 진행하는 경우도 있습니다. 대행하는 업체의 면접을 거친 후, 합격자들은 다음 단계 면접에 참여할 수 있습니다.

• 2차 그룹 면접 : 1차 면접에서 통과한 합격자들에 한해서 그룹 면접을 진행합니다. 그룹 면접의 종류로 그룹 토의 면접, 롤 플레이(역할극), 창의력이 필요한 아이디어 회의 등이 있습니다.

• 3차 심층 면접 : 2차 면접 통과자들 대상으로 면접관과 1:1 심층 면접을 진행합니다.

오픈 데이

• 최종 합격자 발표 : 최종 합격자 발표 후, 필요한 서류를 제출하고, 취업 비자 발급을 진행합니다.

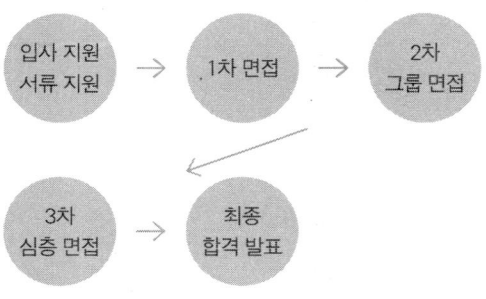

국내 항공사와 외국 항공사 진급 체계

국내 항공사와 외국 항공사에서 근무하다 보면 상위 클래스로 진급하는 순간이 오게 됩니다. 그런데 그 절차와 방식이 항공사마다 달라요. 전체적으로 보면, 이코노미 클래스에서 일정 기간 근무한 다음 비즈니스 클래스 및 퍼스트 클래스를 거쳐 이코노미 클래스의 전체 책임자인 부사무장으로 진급하고, 그 후 사무장으로서 전 비행에 대한 책임자로 진급하게 됩니다.

○ 국내 항공사

상위 클래스로 진급할 때 필요한 조건을 갖추어야 하며, 진급 시험도 치러야 합니다. 특히 대형 항공사일수록 진급하는 데 시간이 오래 걸

대한항공 (KOREAN AIR)

＊대한항공 승무원 진급 심사 기준은 팀평가, 영어자격, 기내방송자격, 기타외국어(방송)자격, 승객에게서
받은 칭송과 불만, 체력&신체검사점수, 기내판매실적, 병가일수 등등

1 수습 ········· 입사 후 3개월 교육기간의 승무원
입사 후 승무원

2 승무원 ········· 신임 승무원과 선임 승무원으로 나누어지며, 2년의 인턴기
(Stewadess) 간을 거쳐 정식 대한항공 승무원으로 인정됨
사원
코드:SS

3 부사무장 ········· 입사하여 비행근무 연도가 3~5년이면 승진 심사 대상이 되
(Assistant Purser) 며, 승진 후 AP로 불려짐
객실승무 4급
대리
코드:AP

4 사무장 ········· 대한항공 승무원 부사무장이 된 후 2년이 지나면 선임 사무
(Purser) 장의 자격 심사 기회가 주어지며, 승진 후 PS로 불려짐(진급
객실승무 3급 연한:3년)
과장
코드:PS

5 선임 사무장 ········· 사무장이 되고 2년이 지나면 선임 사무장 승진 심사의 기회
(Senior Purser) 가 주어지며, 승진 후 SP로 불려짐(진급연한:4년)
객실승무 2급
차장
코드:SP

6 수석 사무장 선임 사무장이 되고 2년이 지나면 승무원 최고 직급인 수
(Chief Purser) 석 사무장의 기회가 주어지며, 승진 후 CP로 불려짐(진급연
객실승무 1급 한:4년)
부장
코드:CP

아시아나항공(ASIANA AIRLINES)

*아시아나항공 승무원 진급 기준은 어학점수, 비행평가와 방송자격입니다.

1 **수습 승무원** ------- 교육 수료 후 3개월 OJT 비행을 하는 승무원
(OJT STWS)

2 **주니어 승무원** ------ 수습 승무원 이후 1년
(Jr. STWS)

3 **시니어 승무원** ------ 주니어 승무원 이후 2년~3년
(Sr. STWS)

4 **퍼스트 선임 승무원** --- 시니어 승무원 이후 4년~5년
(Be Sr. STWS)

5 **부사무장** ---------- 퍼스트 선임 승무원 이후 6년차~7년 Purser
국제선 중소형기 매니저
코드:PS

6 **캐빈 매니저** -------- 부사무장 이후 8년~12년 Assist Purser
국제선 대형기 매니저
코드:AP

7 **선임 매니저** ------- 캐빈 매니저 이후 13년~17년차 Sr. Purser
그룹장, 팀장, 승원소장
코드:SP

8 **수석 매니저** -------- 18년~22년차 Chief Purser
캐빈 서비스 팀장
코드:CP

릴 수 있다는 점을 알고 있으면 좋습니다.

o 외국 항공사

각 항공사마다 정해진 진급 체계와 방식이 많이 다릅니다. 중동 항공사는 여러 국적의 승무원들이 평등하게 일하고, 일정 기간 동안 근무한 다음 진급 대상자가 되면 간략히 면접을 진행한 후 상위 클래스로 진급할 수 있습니다. 하지만 어떤 항공사의 경우엔 한국인 승무원들이 현지 내국인 승무원들과 다른 취업 형태를 띠고 있기 때문에 부사무장이나 사무장까지 진급하는 데 어려움을 겪기도 합니다. 또한, 유럽 항공사들은 진급할 때 간혹 그 나라의 언어를 구사할 수 있는 자격 조건을 요구하기도 하지요.

국내 항공사와 외국 항공사의 처우 및 복지

전반적으로 항공사 승무원의 복지 및 처우는 외국 항공사나 국내 항공사나 비슷합니다. 다른 점이 있다면, 국내 항공사와 외국 항공사의 휴가 일수가 각 나라의 법에 따라 정해진다는 것입니다. 그래서 각 항공사마다 승무원에게 제공하는 휴가 기간도 다릅니다.

o 승무원들은 어떤 대우를 받을까?

급여는 기본급과 비행시간 및 체류비를 포함하여 계산되므로 각 승무원마다 스케줄에 따른 급여를 받습니다. 도착지에서 체류하는 데 드는 비용은 보통 체류하는 시간과 호텔의 가격에 따라 책정되지요. 물론 상위 클래스로 진급하면 전체적으로 급여가 오릅니다. 예를 들어, 같은 비행시간 일을 하였어도 이코노미클래스 승무원의 급여보다 비즈니스클래스 승무원의 시간당 급여가 더 높게 책정됩니다.

○ 복지 제도가 궁금해

항공사에서 근무하면서 "역시 승무원 하기를 잘했어!" 하는 순간이 있는데요. 그중 하나가 바로 승무원에게 할인 항공권이 지급된다는 점입니다. 승무원 본인뿐 아니라 직계 가족(부모님, 형제, 배우자, 자녀)에게도 80% 이상 할인되는 할인 항공권이 나오거든요. 외국 항공사에서는 친구 할인 티켓도 제공되고요. 그러니까 승무원 본인이나 가족 및 친구들이 같이 누릴 수 있는 혜택이 매우 큰 것이지요.

그 밖에 각 공항 내에서 면세품을 살 때, 승무원 할인이 있어 더욱 저렴하게 구입할 수 있어요. 개인적으로 휴가를 갈 때에도 항공사와 제휴가 되어 있는 호텔은 승무원 할인을 받을 수 있고요. 그리고 특이하게도 중동항공사에 다니는 승무원들은 거주하고 있는 나라 내에서 생활할 때 추가적으로 항공사 직원 할인을 받을 수 있는 곳들이 있습니다. 카페, 화장품 가게, 호텔 등 제휴되어 있는 시설을 이용할 때 사원증을 보여주면 할인 혜택을 받습니다.

O 기숙사 제공

승무원에게 기숙사를 제공하는 것은 외국 항공사에만 해당됩니다.
외국 항공사에서 근무하게 되면 보통 해외에 거주하는 시간이 많기
때문인데요. 물론 회사마다 복지 조건이 다른 만큼 모든 항공사가 기

승무원에게 제공되는 다양한 형태의 기숙사

숙사를 제공하는 것은 아닙니다. 예를 들어 동남아 항공사 혹은 아시아권 항공사에서는 기숙사를 제공하지 않는 대신 급여에 집값을 포함해서 지급합니다.

승무원이 갖춰야 할 자질

항공사 승무원은 승객들의 안전을 책임지고 동시에 최고의 서비스를 제공하는 매우 중요한 역할을 합니다. 따라서 승무원을 채용하는 기준이 엄격하며, 항공사마다 자기 회사의 조건에 맞는 다른 기준을 제시하기도 합니다. 이처럼 승무원의 기준을 달리 두는 이유는 각 항공사마다 이용하는 고객들의 배경이 다르기 때문이에요.

그렇지만 승무원이 갖추어야 할 자질로 말하자면 국내 항공사나 외국 항공사가 요구하는 것이 거의 비슷합니다. 특히, 항공사 승무원은 승객의 안전을 책임질 수 있어야 하므로 책임감이 투철해야 하고, 비행시간에 늦지 않아야 하므로 약속시간을 잘 지켜야 하고, 승객을 대하는 태도가 친절하고 배려심이 많아야 하며, 동료들과 협업을 잘할 수 있는 친화력과 소통 능력도 뛰어나야 합니다. 더불어 여러 가지 업무를 한꺼번에 해낼 수 있는 멀티플레이어로서의 능력도 갖추어야 하고요.

따라서 승무원 지원자들은 면접 준비도 중요하지만 업무에 필요한 자질들을 평소에 발전시킬 수 있도록 스스로 노력해야 합니다.

항공사 승무원으로서 갖춰야 할 중요한 자질을 미리 갈고 닦는 것이 제일 중요하다는 것을 잊지 않도록 해요.

예비 승무원 미리보기

아래 리스트를 읽으면서 해당하는 사항에 체크해보세요. 총 20개 항목 중 15개 이상에 ∨ 표시가 나오면 여러분은 승무원이 될 자질이 충분합니다.

- ◆ 낯선 사람과도 쉽게 친해진다.
- ◆ 곤란한 상황에 빠진 사람을 쉽게 지나치지 못한다.
- ◆ 외국어를 배우는 데 흥미가 많다.
- ◆ 역사나 세계사에 관심이 많은 편이다.
- ◆ 호기심이 많다.
- ◆ 친화력이 좋다.
- ◆ 남을 잘 도와준다.
- ◆ 잘 웃는 편이다.
- ◆ 책임감이 강하다.
- ◆ 리더십이 있다.

- ◆ 규칙을 잘 지킨다.
- ◆ 시간 약속을 잘 지킨다.
- ◆ 기억력이 좋은 편이다.
- ◆ 다른 사람에게 친절하다.
- ◆ 어른을 공경한다.
- ◆ 순발력이 좋은 편이다.
- ◆ 밝고 긍정적이다.
- ◆ 낯선 환경에서도 적응을 잘한다.
- ◆ 끈기 있고 침착한 성격이다.
- ◆ 팀워크에 강하다.

 항공사 지원 방법과 면접 과정 미리보기

국내 항공사 지원 접수 방법 및 이력서 쓰기

국내 항공사는 일반적으로 각 항공사 홈페이지를 통해서 채용 공고를 올리기 때문에 이를 통해 확인하면 됩니다. 다행히 항공사를 이용하는 손님들이 늘어남에 따라 각 항공사마다 필요한 승무원의 수가 늘어나고 있는 상황이에요. 그래서 많은 항공사에서 적어도 1년에 두세 번씩 채용을 진행하고 있습니다.

● 항공사 채용 홈페이지를 통한 인터넷 접수

우편 접수나 방문 접수 및 e-mail을 통한 접수는 불가능합니다. 각 항공사가 운영하는 홈페이지에 공지된 채용 공고를 보고, 온라인상에서 접수해야 합니다. 다음은 국내 항공사의 채용 공지가 뜨는 홈페이지 주소입니다.

항공사	홈페이지 주소
대한항공	https://recruit.koreanair.co.kr
아시아나항공	https://recruit.flyasiana.com
제주항공	https://recruit.jejuair.net
이스타항공	https://recruit.eastarjet.com
진에어	http://jinair.career.co.kr
티웨이항공	https://recruit.twayair.com
에어부산	https://recruit.airbusan.com
에어서울	http://recruit.flyairseoul.com

❍ 지원 자격(대한항공 기준)

• 해외여행에 결격사유가 없고 병역필 또는 면제자

• 교정시력이 1.0 이상인 자

• 기 졸업자 또는 20XX년 2월 졸업예정자

• TOEIC 550점 또는 TOEIC Speaking LVL 6 또는 OPIc LVL IM 이상

• 취득한 자(2년 이내 응시한 국내 시험에 한함)

❍ 전형 절차(대한항공 기준)

• 서류 전형 ▶ 온라인 서류 접수 후, 서류 전형 결과 발표

• 1차 면접 ▶ 서류 전형에서 통과한 합격자에 한에서 1차 실무 면접 진행

- 2차 면접 및 영어 구술 ▸ 1차 실무 면접 합격자들의 영어 구술 면접 및 2차 면접 진행
- 3차 면접 ▸ 최종적으로 임원 면접 진행(유니폼 착용)
- 체력 및 수영 테스트 ▸ 임원 면접 합격자들은 체력 테스트와 수영 테스트 진행
- 건강 진단 ▸ 승무원으로 일할 때 건강상의 무리가 없을지 미리 확인
- 최종 합격 ▸ 최종 합격자 발표

ㅇ 온라인 이력서 미리보기(대한항공 출처) 및 주의사항

아래 제시한 입사지원서는 온라인 지원서 양식입니다. 온라인으로 제출하기 때문에 어떤 항목들이 들어가는지 미리 알아보고 준비하는 것이 좋습니다. 주의할 점은 이 양식을 제출하기 전에 모든 항목을 빠짐없이 적었는지 다시 한 번 확인해야 한다는 것입니다. 또한 제출 기한이 정해져 있다는 점도 반드시 명심하고 일정을 미리 체크한 후 기한에 맞춰 제출합니다.

자기소개서에는 지원 동기와 입사 후 계획 및 포부 두 가지 항목이 있습니다. 이 두 가지 항목에도 글자 수가 정해져 있으니, 왜 승무원으로서 지원하게 되었는지, 왜 이 항공사를 지원하게 되었는지에 초점을 맞춰 조리 있게 서술해야 합니다. 입사 후 포부를 적을 때에는 항공사의 승무원으로서 일한다면 어떤 태도를 지닌 승무원이 되고 싶은지, 지원한 항공사에 본인이 어떻게 기여할 것인지를 집중적으로

- 반드시 지원서 작성안내에 따라 입사지원서를 작성해주시기 바라며, 오기재 혹은 허위기재시 추후 합격이 취소될 수 있으니 주의하시기 바랍니다.
- * 이 있는 항목은 필수입력사항이며, 미입력시 입사지원이 불가능합니다.
- 입사 지원서 작성 단계별로 하단의 저장 버튼을 클릭하거나 항목별 입력사항 아래 저장 버튼을 클릭하여 임시저장하고, 모든 단계 작성이 완료되면 최종제출 버튼을 눌러야 지원서가 최종 제출되며 입사지원이 완료됩니다.
- 접수 마감일 이후 또는 최종 제출하신 이후에는 지원서 수정이 불가능하니 이점 유의하시기 바랍니다.
- 날짜 입력 시에는 달력창을 이용하여 입력바랍니다.
- 주소 검색을 통해 검색이 안 되는 우편번호의 경우, [MYPAGE - 문의하기] 메뉴를 통하여 문의하시기 바랍니다.
- 사진 등록 시 파일의 용량은 최대 200KB이내 이며, 확장자는 JPG파일로 등록바랍니다.
- 입력사항에 대한 증빙서류는 추후 별도 일정에 따라 제출하셔야 합니다.
- 문의사항은 [MYPAGE - 문의하기] 메뉴를 통하여 문의하여 주시기 바랍니다.

기본 > 학력 > 경력 > 자격 > 소개 > 제출

□ 기본지원사항

*응시구분	객실승무직 ▼ 신입객실승무원 ▼ 국제선 ▼
*대학구분	◎ 2,3년제 ◎ 4년제
*1차면접 희망지역	▼

□ 기본인적사항

	* 성명	백별님	한자성명	성 □ 이름 □
	* 영문성명	성 □ 이름 □ 여권에 기재된 영문성명 입력 바랍니다.		
	* 주민등록번호 (외국인 등록번호)	□ - □	* 국적	대한민국 ▼
	* 이메일	chloeis @ naver.com		
찾아보기... 사진을 등록바랍니다.	* 휴대폰	▼ - □ - □		
	*비상연락처	□ - □ - □		
*현주소	□ [* 주소검색]			
	□			
	□ (상세주소)			
*보훈대상여부	◉ 비대상 ◎ 대상	보훈번호	□ - □	
*장애여부	◉ 비대상 ◎ 대상	장애유형	▼	
장애등급	▼	장애등록일	□ ▦	
*취미	□			
*신장	□ cm			

146

- 고등학교부터 최종학력까지 시간 순으로 입력하시고, 현재 재학중인 경우도 포함하여 입력하시기 바랍니다.
- 하나의 학력 작성이 완료되면, 오른쪽 하단의 저장 버튼을 이용하여 학력사항을 추가하시면 됩니다.
- 편입학의 경우 편입 전의 학력도 반드시 입력하시고, 편입학교의 입학구분에 "편입"을 선택하시기 바랍니다.
- 두 개 이상의 학교에서 학위를 수료한 <복수학위>의 경우 두 개의 학위를 모두 입력하시기 바랍니다.
- 학교명이 검색되지 않는 경우 기타를 선택한 후, 우측 입력란에 입력해 주시기 바랍니다.
- 전공명이 검색되지 않을 경우 기타를 선택한 후, 하단 입력란에 입력하여 주시기 바랍니다.
- 대학구분은 취득 혹은 취득 예정인 학위수여 기준으로 작성하시고 세부 학력 사항은 학력란에 기입하시기 바랍니다.
- 학점은 성적증명서에 기재된 학점 및 만점을 기재해 주시기 바랍니다.(임의변경불가)
- 해외 소재 학교 졸업자는 소재도시에 "해외" 선택 후, 우측 입력란에 도시명을 입력해 주시기 바랍니다.

□ **학력사항**

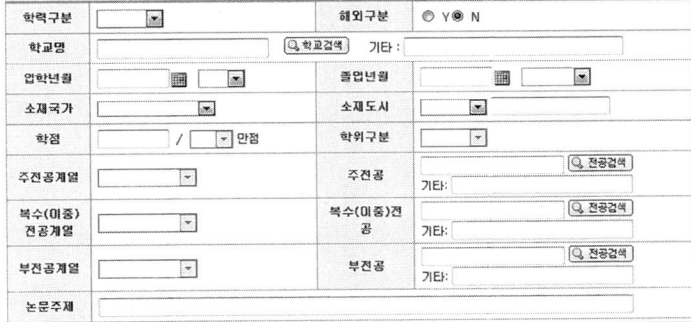

- 하나의 경력사항 작성이 완료되면, 오른쪽 하단의 저장 버튼을 이용하여 경력사항을 추가하시면 됩니다.
- 최근 경력부터 순차적으로 입력하시기 바랍니다.
- 현재 재직 중인 근무처의 경우, 근무기간의 마지막 날은 현재 월로 입력하시기 바랍니다.
- 경력, 해외경험, 봉사활동 사항은 반드시 관련 증명서 제출이 가능한 사항만 입력하시기 바랍니다.

□ **경력 사항**

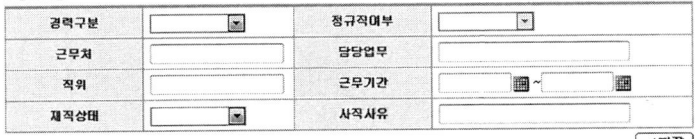

□ **해외수학(연수)경험**

기관명	국가	도시	기간	연수내용
			~	

√저장

□ **봉사활동**

기관명	봉사내용	기간
		~

2012년 신입 객실여승무원 모집

* 자격증 검색을 통해 검색이 안 되는 자격증의 경우, 채용문의를 통해 문의하시기 바랍니다.
* 시험시험 취득일자, 취득 기관 및 점수가 사실과 다를 경우 전형결과에 불이익이 있을 수 있으니, 정확하게 입력하시기 바랍니다.

> 기본 > 학력 > 경력 > **자격** > 소개 > 제출

ㅁ 어학사항

언어구분	▼		
어학시험명	▼	등급	▼
총점		점수	LC ___ RC ___
취득일자	▦	만료일자	▦

✔저장

ㅁ 자격면허

자격명	자격등급	자격증번호	발급기관	취득일자
___ 🔍검색	▼			▦

* 자기소개서 무성의 기재는 서류 전형 불합격 사유가 될 수 있음을 알려 드립니다.

> 기본 > 학력 > 경력 > 자격 > **소개** > 제출

ㅁ 자기소개서

지원동기(500자 이내)	글자수 ___ 자

입사후 계획/포부(500자 이내)	글자수 ___ 자

기술하면 됩니다. 이 두 가지 질문은 추후 면접을 볼 때에도 물어보는 것들이어서 온라인상에서 지원서를 쓸 때 기록한 답변을 정확하게 기억해두어야 합니다.

외국 항공사 지원 접수 방법 및 이력서 쓰기

외국 항공사 역시 채용 공고는 각 홈페이지를 통해 진행합니다. 하지만, 해외에 본사를 두고 있기 때문에 서류 전형 외에 모든 면접을 본사에서 다 진행하기가 어려워요. 그래서 어떤 항공사들은 1차 면접은 대행사를 통해서 채용을 진행하기도 한답니다.

○ 이력서(RESUME) 자유 양식 작성

외국 항공사는 이력서의 양식이 따로 정해져 있지 않습니다. 따라서 지원자 각자가 자신이 가장 어필하고 싶은 항목들을 넣을 수 있는 장점이 있지요. 하지만 면접관에게 지원자 개인의 정보를 알려줘야 하기 때문에 이력서에 들어가야 할 기본 항목은 어느 곳이나 정해져 있습니다. 외국 항공사에 지원할 때 어떤 기본 항목들을 적어야 하는지 알고 싶다면 다음음 양식을 참고해보세요.

Mijin Kim (Soo)

#105 Lotte villa, 73 Magok Dong

Gangseo-Gu, Seoul, Korea

+82 2 1234567 / +82 10 12345678

mijin.kim@gmail.com

◆ OBJECTIVE Cabin Crew

◆ EDUCATION

B.A of Seoul University/Seoul, Korea   Mar. 2011 ~ Dec. 2014

– Majored in English Literature

Graduated from high school/Seoul, Korea   Mar. 2009 ~ Feb. 2011

– Education for high school

◆ OVERSEAS EXPERIENCE

The University of Sydney/Australia   Jun.2012 ~ Dec. 2012

– For learning English and attend exchange student program

Traveling in Europe for 1 month

◆ WORK EXPERIENCE

Starbucks   Feb. 2014 ~ Recent

Work as a barista

• Making and serving many different kinds of beverages

• Arrange stocks and clean the store

• Learned how to deal   with the customers and service mind

◆ SKILLS & SPECIAL ACHIEVEMENTS

Ability of speak English and translation. (Acquired 950 points at TOEIC)

Hobby & Interests: swimming, movies, traveling, tennis

영문 이력서 샘플

○ 어느 자리에 어떤 내용을 쓸까?

자, 이제 위의 이력서 양식을 가지고 영문 이력서의 순서 및 항목에 대해 잠시 설명해드리겠습니다. 먼저 이력서의 상단 우측에 기본 인적 사항을 적습니다. 이름, 주소, 전화번호 같은 것들입니다.

(이름) Mijin Kim (Soo)

(주소) #105 Lotte villa, 73 Magok Dong Gangseo-Gu, Seoul, Korea

(전화번호) +82 2 1231234 /+82 10 12345678

(이메일) mijin.kim@gmail.com

그다음에는 지원하는 직종과 학력 사항을 차례대로 기재합니다. 'Objective' 항목은 지원하는 직종이 무엇인지 쓰면 되고, 'Education' 에는 학력 사항을 순서대로 기입합니다. 이때 기간과 공부한 기관명, 전공 등을 적습니다.

Objective(직종) - Cabin crew or Flight Attendant

Education(학력) - 학력 사항을 아래 순서대로 기재

(날짜) Mar. 2011 ~ Dec. 2014

(대학) Seoul University

(전공) English Literature

이제, 해외 경험을 쓸 차례군요. 해외 경험이 있다면 'Overseas Experience' 항목에 아래 순서대로 기재하시면 됩니다.

Overseas Experience(해외 경험, 아래 순서대로 기재)

(날짜) Jun. 2012 ~ Dec. 2012

(장소) The University of Sydney/Australia

(목적) For learning English and attend exchange student program

해외 경험까지 적고 나면 경력자일 경우 'Work experience' 항목에 최근 경력을 바탕으로 순서대로 기재한 뒤, 부연 설명을 적습니다.

Work experience(경력 사항, 일 경험)

(날짜) Feb. 2014 ~ Recent

(회사 이름) Starbucks

(포지션) Work as a barista

(업무 내용 부연 설명)

• Making and serving many different kinds of beverages

• Arrange stocks and clean the store

• Learned how to deal with the customers and service mind

이렇게 경력 사항까지 모두 기술한 뒤 'Skill & Volunteer works' 자리에 봉사 활동을 한 내용이나 자격증, 어학 능력, 취미, 특기 등 개인적으로 어필하고 싶은 내용을 기재합니다. 그러고 나서 맨 아래 라인에 'Reference Above upon request(위의 기재 사항이 사실임)'라고 적은 후 마무리합니다.

외국 항공사 홈페이지에 나온 면접 과정 알아보기

그렇다면 외국 항공사의 채용 정보는 어디서 구할 수 있을까요? 예, 바로 각 항공사에서 운영하는 채용 홈페이지에서 직접 볼 수 있습니다. 하지만 항공사 별로 채용하는 방식이 많이 다르기 때문에 여기서 모든 곳을 다 살펴볼 수가 없으니 대표적인 항공사를 통해 확인하겠습니다.

○ 외국 항공사 채용 홈페이지 확인 방법

앞서 말한 외국 항공사 중에는 홈페이지를 통해 채용 정보를 알아볼 수 있는 곳도 있고, 중간 대행업체를 통해 채용 과정을 진행하는 항공사도 있습니다. 따라서 여러분이 수시로 항공사 홈페이지를 직접 확인해보는 것이 가장 좋은데요. 중동 항공사는 각 홈페이지를 통해 확인이 가능하고, 다른 항공사들은 온라인 검색을 통해서 확인해보는 것이 가장 정확합니다.

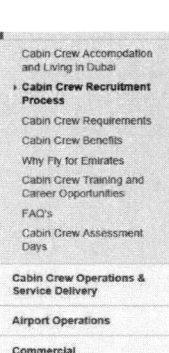

what is the recruitment process like?

What does Emirates look for in Cabin Crew?

Do you need previous experience as Cabin Crew?

▸ More FAQ's

The Emirates Group News

20 Dec 16
Emirates SkyCargo expands network to Fort Lauderdale

06 Dec 16
Emirates SkyCargo receives top logistics award in Spain

▸ More Emirates Group News
▸ Recruitment Fraud

The Emirates Cabin Crew recruitment team conducts regular assessments and interviews in numerous countries worldwide. In order to be shortlisted to attend one of these events you will need to first complete an online application and attach all of your relevant education certificates and photographs in business attire. This application now also includes a video interview where you will need to ensure that you are appropriately prepared and professionally presented, just as you would for any interview process. The video interview will involve answering a few questions about yourself, in one sitting but you will have the opportunity to practice first.

If you meet The Emirates Cabin Crew requirements and are shortlisted, you will be invited to participate in an Assessment Day consisting of:

• Initial Assessment exercise
• English Test
• Psychometric Assessment
• Individual Competency Based Interview

Please note that the length of time required to go through the process will depend on your success at each stage of assessment.

에미리트항공사 홈페이지(http://www.emiratesgroupcareers.com)

○ 어떤 전형 과정이 있는지 확인하자

여러 항공사들 가운데 아랍 에미리트 항공사를 예로 들어 지원자가 어떤 부분을 확인해야 하는지 알려드릴게요. 자, 위의 홈페이지 화면을 보세요. 에미리트 항공사 채용 홈페이지에 접속하면 승무원 채용 절차가 나오는데요. 이때 가장 중요한 것은 어떤 전형이 있는지 확인하는 것입니다.

여기서 가장 중요한 것은 바로 아래와 같은 부분입니다.

If you meet The Emirates Cabin Crew requirements and are shortlisted, you will be invited to participate in an Assessment Day consisting of:

- Initial Assessment exercise

- English Test

- Psychometric Assessment

- Individual Competency Based Interview

즉, 에미리트 항공사 승무원이 되기 위해 1차 온라인 지원서 작성과 서류를 제출한 다음 온라인 비디오 면접을 통과한 면접자에 한에서 어세스먼트데이(현지 면접관 면접)로 진행되는 면접에 참여할 수 있는 초청장이 발송되는데요. 이것은 아래 네 단계의 전형 과정으로 이루어집니다.

Initial Assessment exercise (기본 평가 면접)

English Test (영어 필기시험)

Psychometric Assessment (인성 및 적성 시험)

Individual Competency Based Interview (1:1 개인 최종 면접)

외국 항공사의 여러 가지 면접

외국항공사는 여러 가지 면접 절차와 장시간의 걸친 면접 과정을 통해서 지원자의 다양한 모습을 보고 판단하여 채용합니다. 특히, 승객과 동료와의 소통을 중요하게 생각하는 항공사일수록, 그룹면접을 통해 어떻게 동료들과 문제를 잘 해결하는지 지원자의 방식을 지켜보고, 역할극을 통해 승객들과 의사소통이 잘 되는지도 확인하지요. 항공사 면접이 다 영어로 진행되기 때문에 외국 항공사를 지망하는 학생들은 영어 공부와 동시에 여러 가지 상황을 대비한 면접을 미리 연습해야 합니다.

○ 기본 평가 면접의 종류

각 항공사마다 전형 과정이 다르기 때문에 일반적으로 항공사 채용 사이트에서 전형 과정을 확인해보는 것이 가장 중요합니다. 특히, 항공사 별로 여러 다양한 평가 면접이 진행되는데요. 기본 평가 면접에서는 아래와 같은 다양한 활동을 통해 면접자들의 성향을 파악하는 면접을 진행합니다. 이에 해당하는 면접으로 그룹 토의 면접(group discussion), 역할극(role play), 파트너 소개하기(partner introduction), 가벼운 대화 형식 면접(small talk) 등이 있습니다. 물론 한꺼번에 위의 면접들을 다 진행하는 것은 아닙니다. 하지만 어떤 방식의 면접이 진행될지 모르기 때문에 모두 다 미리 준비하는 것이 좋습니다.

○ 면접의 형식에 따른 면접관의 의도를 파악하자

먼저 그룹 토의 면접(group discussion)은 8~10명 정도 되는 면접자들로 조를 짜서 그룹에게 한 주제를 주고, 그 주제에 관해 지원자 각자

그룹 토의 면접

개인의 생각들을 공유하는 과정입니다. 지원자가 항공사 승무원들의 팀워크에 무난히 적응할 만한 자질을 갖추고 있는지 알아보는 과정이지요.

그다음 역할극(role play) 테스트가 있습니다. 이것은 기내에서 발생할 수 있는 상황을 가정하여 면접자에게 어떤 역할을 주고 이것을 수행해내는 모습을 체크하는 과정입니다. 이 시간을 통해 면접관들은 지원자가 추후 승무원으로서 승객들을 대하는 모습을 유추해낼 수 있지요. 이때 면접관들은 지원자의 문제 해결 방식에 주목합니다.

자, 이번에는 파트너 소개하기(partner introduction)를 알아볼까요? 이 과정에서 지원자들은 각 항공사를 대표하는 승무원으로서 여러 승객 앞에서 긴장하지 않고 대화를 잘해나가는 모습을 보여줘야 합니다. 면접관들은 이를 통해 지원자가 직업에 맞는 자질을 갖추고 있는지 확인하게 됩니다.

마지막 단계는 가벼운 대화 형식 면접(small talk)입니다. 이는 면접관을 직접 대면하여 가벼운 대화를 하는 면접 방식인데요. 면접관들은 이때 지원자가 실제로 승객들을 대할 때 갖추어야 할 기본 자질들을 알아볼 수 있습니다. 또한 지원자가 승무원이 되었을 때 어떻게 승객을 대하게 될지 미리 유추해볼 수 있고요.

역할극

면접관과 대화하기

○● 일대일 파이널 면접은 어떻게 진행되나요?

국내 항공사와 달리 외국 항공사에서는 면접관이 심층 면접을 최종 면접으로 진행합니다. 여기서 가장 중요한 것은 '면접 답변'이에요. 물론 이에 앞서 통과해야 할 면접 과정이 많기 때문에 모두 충실하게 준비하는 것이 필요하지만, 사실 합격 여부가 결정되는 것은 바로 심층 면접입니다.

면접관은 지원자가 제출한 이력서를 보고 나서 여러 가지 질문을 합니다. 그리고 지원자의 대답을 들으면서 "아! 이 사람은 우리 항공사에서 바라는 자질을 갖춘 인재구나!" 하는 긍정적인 평가를 내리거나 "우리와 함께 일하기엔 2% 부족해 보여!" 하는 것처럼 어떤 식으로든 지원자를 판단하게 됩니다. 하지만 너무 긴장하지 마세요. 질문이 어려운 건 아니거든요. 포인트는 의도가 있는 질문에 '어떻게' 대답할 것인가 하는 점입니다. 대개 지원자의 경험을 통한 답변을 이야기하게 되므로 추상적으로 말하기보다는 구체적으로 자세하게 설명하는 것이 좋습니다.

외국 항공사는 항공사마다 선호하는 인재상이 다르지만, 결국 그들이 원하는 승무원의 자질은 비슷하게 마련입니다. 그러므로 면접관들은 지원자의 자질을 정확히 파악하려고 두 눈을 부릅뜨고 여러분의 이야기에 귀를 기울일 겁니다. 따라서 긴장하지 말고 본인의 경험을 전할 때 면접관의 질문 의도에 맞춰 핵심을 전달할 줄 알아야 합니다.

체크 & 체크

심층 면접에서 나오는 구체적인 질문은 아래와 같습니다.

1. 자기소개(영어 or 한국어)를 해보세요.

2. 성격의 장단점은 무엇입니까?

3. 왜 승무원이 되고 싶습니까?

4. 당신이 생각하는 서비스란 무엇인가요?

5. 당신은 해외 경험이 있습니까?

6. 해외 생활 중, 무엇이 제일 힘들었나요?

7. 영어는 어떻게 공부했는지요?

8. 전공은 무엇이며 전공을 통해 배운 점은 무엇입니까?

9. 현재 하는 일은 무엇이며, 일할 때 어려운 점은 무엇인가요?

10. 일 경험 중, 까다로운 고객이 있었는지와 어떻게 해결했나요?

11. 화난 고객을 경험해본 적이 있습니까?

12. 고객에게 "NO!"라고 했던 적이 있습니까?

13. 고객에게 베스트 서비스를 해준 경험이 있나요?

14. 외국인들과 함께 팀을 이뤄 일한 적이 있습니까?

15. 동료와 다툰 적이 있습니까?

16. 일하면서 동료와 갈등이 있었던 적이 있습니까?

17. 승무원으로 채용된다면 앞으로의 계획은 무엇인가요?

18. 우리 회사에 대해 아는 바가 있습니까?

19. 승무원으로서 안전과 서비스 중 어떤 점이 더 중요한가요?

20. 우리 회사에 지원한 동기는 무엇입니까?

항공사 면접, 이렇게 준비하자!

국내 항공사 면접용 증명사진

외국 항공사 면접용 증명사진

사진 준비

항공사마다 면접을 치를 때 제출해야 하는 사진들이 다르기 때문에 본인이 지원하는 항공사가 국내 항공사인지 외국 항공사인지에 따라 지망하는 회사의 사진 양식을 미리 알아보아야 합니다. 면접에 필요한 사진은 대개 증명사진과 전신사진으로 나눕니다.

○ 면접용 증명사진

모든 항공사의 면접용 증명사진은 승무원이 갖추어야 할 헤어, 메이크업, 정장을 갖춘 상태에서 자연스러운 미소와 함께 단정히 보이도록 찍습니다. 국내 항공사와 외국 항공사의 면접 증명사진을 잠시 비교해볼까요?

먼저 국내 항공사입니다. 면접 복장은 화려하지 않은 것이 좋고, 너무 진하지 않게 자연스러운 메이크업으로 단아한 느낌을 주는 것이 좋습니다.

외국 항공사의 면접 복장은 국내와 다르게 좀 더 본인 개성에 맞게 자유롭게 어필할 수 있으므로 지원자에게 가장 잘 맞는 색의 정장을 입어도 무방합니다. 실제로 면접할 때 보면 자신의 개성을 가장 잘 살릴 수 있는 메이크업을 하고 온 지원자들이 많답니다.

● 면접용 전신사진

외국 항공사 면접용 전신사진

외국 항공사 중에는 추가로 전신사진을 요구하는 곳도 있습니다. 따라서 홈페이지 채용 공고 요강을 숙지하여 빠짐없이 준비해야 합니다. 일례로 중동 항공사의 경우, 이력서를 제출할 때 전신사진을 준비해야 하는데요. 지원자들은 자신에게 가장 잘 맞는 면접 복장을 갖춰 입고 옆의 사진과 같은 전신사진을 준비하면 됩니다.

면접 복장과 메이크업

국내 항공사와 외국 항공사의 면접 복장과 메이크업은 지원자가 꼭 확인해서 준비해야 할 중요한 부분입니다. 국내 항공사는 지원자에게 어떤 면접 복장을 준비해야 하는지 알려주기 때문에 그 부분을 잘 확인해야 합니다. 또한, 진한 화장보다는 내추럴한 메이크업을 선호합니다. 반면, 외국 항공사는 각기 정해진 면접 복장이 없으며 메이크업 역시 지원자 선택에 맡기기 때문에 평소에 본인에게 잘 어울리는 복장과 메이크업을 파악해두는 것이 좋습니다.

● 면접 복장

나를 가장 잘 보여주는 복장은 어떻게 준비하는 것이 좋을까요? 국내 항공사는 깔끔한 하얀색 블라우스와 검은색 치마를 면접 복장으로 선호합니다. 단아하고 깔끔한 이미지를 보여줄 수 있도록 의상이면 좋겠지요?

반면, 외국 항공사엔 정해진 틀이 없습니다. 따라서 지원자들은 자신의 개성을 살리고 이미지를 잘 어필할 수 있는 의상을 준비하면 됩니다. 하지만 개성을 강조한다고 해서 몸매가 너무 많이 드러나는

국내 항공사 면접용 복장

외국 항공사 면접용 복장

타이트한 의상이나 깔끔해 보이지 않는 의상을 착용하는 것은 좋지 않습니다.

○ 메이크업 준비

메이크업은 어떻게 해야 할까요? 앞에서 제가 사진을 촬영할 때 메이크업을 어떻게 준비해야 하는지 간단하게 설명해드렸는데요. 실제로 승무원이 되면 항공사에서 자체 교육을 통해 유니폼에 가장 잘 어울리는 화장법에 대해 팁을 주기도 합니다. 물론 메이크업은 자신에게 맞는 방법을 선택하여 표현하는 것이 중요합니다. 하지만 항공사 별로 꼭 해야 하는 것과 하지 말아야 되는 화장법이 있답니다. 예를 들어 에미리트 항공사는 유니폼과 어울리게 '빨간 립스틱'을 꼭 사용해야 합니

에미리트 승무원들의 메이크업

싱가포르 항공 승무원들의 소라 머리 스타일

다. 반면, 카타르 항공사는 정해진 립스틱 색깔은 없지만, 자신에게 어울리는 컬러를 사용하는 정도로 메이크업의 자유를 허용합니다.

싱가포르 항공사 승무원들은 전통 의상을 갖춰 입기 때문에 이에 맞는 헤어스타일과 화장법을 선호하는데요. 그래서 의상과 어울리는 소라 머리와 파란빛이 들어간 아이섀도를 많이 사용한답니다.

물론 면접을 볼 때 이런 부분까지 일일이 체크할 수 없을지도 모르지만, 평소에 본인에게 잘 맞는 화장법이 무엇인지 파악하고 있다면 본인의 단점을 커버하는 동시에 장점을 돋보이게 하는 데 유리하겠지요? 즉, 스모키 화장법이 어울리지 않는 지원자일 경우 항공사가 선호한다고 해서 무조건 거기 따를 필요는 없고, 되도록 자신에게 맞게 선택을 하는 것이 필요하다는 뜻입니다. 그리고 면접 메이크업을 할

꼭 해야 하는 메이크업엔 어떤 것들이 있을까요? 간단히 알아봅시다.

• MUST Do 메이크업: 파운데이션, 마스카라, 볼 터치, 립스틱, 매니큐어

• 면접 준비 메이크업에 좋은 색감: 아이섀도는 자주색, 핑크색, 민트색, 골드, 브라운, 로즈 등이 적당하고, 볼 터치에는 자주색, 핑크색, 로즈 컬러가 좋습니다. 네일 컬러로는 누드나 핑크톤의 매니큐어를 추천하고, 립스틱은 자주색, 로즈, 핑크, 빨간색 등이 어울립니다.

때 가장 중요한 점은 자신의 면접 복장과 어울리는 색이 무엇인지 미리 파악하여 준비하는 것입니다.

3부

항공사 승무원
면접 맛보기

국내 항공사와 외국 항공사의 면접은 어떻게 다를까?

앞에서 보신 내용들은 항공사 승무원이 되는 데 어떤 과정들이 필요한지, 지원자는 무엇을 준비해야 하는지에 대한 설명이었습니다. 그렇다면 면접 준비를 끝내고 나서 맞이하는 실질적인 면접은 어떻게 이루어지는지 간략히 살펴보겠습니다.

국내 항공사 면접은 모두 한국어로 진행되고, 영어시험을 따로 봅니다. 그러나 외국 항공사 면접은 실제로 현지 면접관이 진행하기 때문에 모든 절차를 영어로 진행합니다. 물론 각 항공사마다 중요하게 여기는 점이 다르고, 특장점이 다른 만큼 면접 과정 역시 매우 다양한 방식으로 진행되지만, 여러분이 준비해야 하는 면접 답변의 형식은 거의 비슷합니다. 그러므로 각자 살아온 경험에 맞게 대답을 준비하면 좋겠지요. 가장 확실한 방법은 이력서를 먼저 만들어놓고 질문의 답변에 자신의 경험들을 적절히 섞어 면접관이 들으면서 공감할 수 있도록 구성하는 것입니다. 먼저 면접에 반드시 나오는 질문에는 어떤 항목들이 있는지 차근차근 알아봅시다.

- 자기소개

- 성격의 장단점

- 취미 및 여가시간

- 스트레스 해결 방법

- 전공은 무엇인가

- 전공과 승무원 직업의 연관성

- 해외 경험의 유무

- 어학연수 경험

- 승무원 지원 동기

- 앞으로 승무원으로서 세우는 미래 비전이나 계획

- 승무원이 갖춰야 할 중요한 자질/능력

- 승무원 직업의 좋은 점과 나쁜 점

위와 같이 꼭 나오는 필수 질문들은 지원자의 일반적인 정보와 학교생활, 해외 경험 및 어학연수 경험, 승무원이라는 직업에 대한 이해 정도를 묻는 것들입니다. 이러한 내용을 묻고 답하는 과정에서 면접관들은 지원자의 자질과 적성을 알아볼 수 있습니다. 자, 이제 모의 면접 시 이루어지는 질의응답 상황을 가정하여 "나는 이런 질문이 올 때 어떻게 대답해야 하나?"라는 문제를 하나하나 풀어봅시다.

나에 대한 일반적인 질문들

Q. 자기소개를 해주십시오.

A. 안녕하십니까? ○○○항공 지원자 김수현입니다. 먼저 이 자리에 있게 되어 매우 영광이며, 면접을 볼 수 있는 기회를 주신 데 감사드립니다. 저는 한서대학교에서 항공관광학과를 졸업하였습니다. 전공을 통하여 항공사 실무에 필요한 고객 응대 기술을 배우고, 이로 인해 타인과의 관계에 있어 자신감을 갖게 되었습니다. 또한 항공사 승무원으로서 필요한 여러 가지 실습 경험들을 통해 승무원으로서 갖춰야 할 서비스 마인드와 진정한 팀워크를 배울 수 있었으며, 어학 능력 향상을 위해 게을리 하지 않고 꾸준히 노력하였습니다. 이제 저는 준비된 항공사 승무원이라고 자신 있게 말씀드릴 수 있으며 늘 한결같은 모습으로 장점은 향상시키고 단점은 고쳐나갈 수 있는 승무원이 되도록 노력하겠습니다. 감사합니다.

성격에 대한 질문

Q. 성격의 장점과 단점은 무엇입니까?

A. 저의 장점은 기억력이 좋다는 것입니다. 제가 학생 시절, 카페에서 바리스타로 근무할 당시, 저는 자주 오시는 손님들과 그분들의 취향을 잘 기억하였습니다. 그 덕분에 그분들께서 주문하시기 전에 좋아하실 만한 메뉴를 먼저 추천해드릴 수 있었고, 이에 고객들께서는 매

우 기뻐하셨습니다. 이러한 저의 장점으로 인해 많은 손님들로부터 칭찬과 감사의 말씀을 들었습니다. 반면, 저의 단점은 성격이 조금 급하다는 점입니다. 때론 빠른 업무 처리가 필요할 수 있지만, 많은 업무를 최대한 빠르게 처리하려다 보면 실수를 저지를 수 있다는 것을 깨달았습니다. 이를 고치기 위해서 일에 대해 조금 더 여유를 가지고 서두르지 않으려고 노력하며, 마무리를 잘한 후 한 번 더 확인하고자 노력하고 있습니다.

취미 생활 및 여가 시간에 대한 질문

Q. 당신의 취미는 무엇입니까? 여가 시간을 어떻게 활용하십니까?

A. 저의 취미는 운동입니다. 특히 요가를 좋아합니다. 요가를 하다 보면 집중력이 향상되고, 명상하는 방법을 통해서 자연스레 생각을 정리하는 시간을 갖게 됩니다. 그래서 저는 주로 요가를 하면서 스트레스를 풀고 있으며 동시에 건강도 지키고 있습니다.

전공에 대하여

Q. 전공은 무엇인지요? 전공을 통해 어떤 것들을 배웠습니까?

A. 저의 전공은 항공관광입니다. 고등학교 시절부터 항공사 승무원에 대한 꿈을 키워나갔고 제 꿈에 조금 더 근접하고자 항공관광학과를

선택하였습니다. 전공을 통해 저는 여러 가지 현장 실무 경험을 배울 수 있었습니다. 그중 가장 좋았던 부분은 승무원 직업에 대한 이해를 향상시킬 수 있었다는 점입니다. 고객 응대를 위한 서비스 스킬을 향상시키고, 현장의 적응력을 높이기 위해 실무를 직접 배우면서 승무원으로서 갖추어야 할 자질을 연마할 수 있었습니다. 또한 어학 능력을 향상하는 데 많은 노력을 하였으며, 팀워크와 서비스 마인드를 적절히 배울 수 있었습니다.

해외 경험에 대하여

Q. 해외 경험이 있습니까?

A. 예, 저는 어학 능력 향상을 위해 1년간 호주에서 어학연수를 했습니다. 영어 공부와 동시에 다양한 국적의 친구들과 만나 여러 문화를 바라보는 새로운 안목을 함양했습니다. 또한 해외에서 생활하면서 독립심을 키우고 사람을 잘 사귈 수 있는 대인관계 능력 또한 자연스럽게 기를 수 있었습니다.

항공사 승무원 지원 동기에 대한 질문들

Q. 항공사 승무원에 지원하신 이유는 무엇인지요?

A. 저는 어린 시절부터 항공사 승무원이 되는 것을 목표로 두고, 그

목표를 이루고자 끊임없이 노력했습니다. 저는 평소 밝은 성격으로 여러 사람들과 소통하는 것을 좋아하고, 서비스 분야 적성에 잘 맞는 사람이라고 생각해왔습니다. 그리고 이를 직접 확인할 수 있는 계기가 되었던 것은 바로 제 전공을 통해서입니다. 항공관광학과의 현장 실습은 일에서의 사명감을 더욱 북돋아주었으며, 고객 만족을 통해 큰 보람도 느낄 수 있었습니다. 또한 목표를 이루기 위해 한 단계 더 성장하는 저의 모습을 확인하면서 이것이 제게 다시 동기부여를 제공했고, 가슴을 뛰게 만들었습니다. 이제는 준비된 승무원으로서 ○○○항공사의 가르침을 이어받아 항상 고객 만족을 위해 노력하는 승무원이 되겠습니다.

항공사 승무원의 이해도를 물을 때

Q. 항공사 승무원의 자질은 무엇이라 생각합니까?

A. 객실 승무원은 항공사가 그 항공사의 승객들에게 제공하는 항공 서비스를 서비스 접점에서 실천하는 사람입니다. 객실 승무원이 서비스 접점에 있다는 것은 객실 승무원이야말로 그 항공사를 대표하는 이미지이자 얼굴이기도 하다는 것을 의미합니다. 객실 승무원은 항공기 안전과 서비스에 대한 철저한 훈련을 바탕으로 기내에서 승객들의 안전과 안락한 비행을 책임질 수 있어야 합니다. 또한 비행에 관한 승객들의 두려움을 해소해드리고 목적지에 정보나 팁을 승객들에게 충

분히 전달할 수 있어야 합니다.

Q. 항공사 승무원의 좋은 점과 나쁜 점은 무엇이라 생각합니까?
A. 승무원의 좋은 점 중 한 가지는 근무 환경이라고 생각합니다. 특히 승무원은 전 세계 국가에서 온 다양한 사람들을 만날 수 있고 그들을 통해 다양한 문화를 경험할 수 있습니다. 그리고 이러한 면이 능숙한 의사소통 기술과 타인을 이해하는 능력 향상처럼 다양한 면에서 스스로를 발전시킬 수 있다고 생각합니다. 반면 불규칙한 근무 시간은 단점 중 하나라 생각합니다. 이로 인해 체력적으로 피로할 수 있습니다. 따라서 이러한 문제점을 해결하기 위해 스스로 지혜롭게 여유 시간을 운용하면서 충분한 휴식을 취하고, 에너지를 충전해야 한다고 생각합니다.

이 밖에도 여러 가지 질문들이 있지만, 면접 답변에서 가장 중요한 점은 지원자의 장점을 충분히 보여주어야 한다는 것입니다. 특히, 어떤 질문이 주어졌을 때 이를 자신의 경험과 잘 버무려 면접관이 의도하는 답을 적절하게 끌어낼 수 있을지 생각해야 합니다. 반면, 직업적 자질과 반대되는 성향을 가졌다면 이를 최대한 포장해서 단점으로 오인하는 일이 없도록 잘 설명해야 할 것입니다.

외국어 실력의 중요성

피할 수 없으면 노력하라

승무원을 꿈꾸는 많은 학생들이 가장 빈번하게 묻는 것 중 하나가 "영어 실력은 어느 정도여야 하나요?"입니다. 여러 나라의 승객들을 만나야 하는 직업이어서 그런지 실제로도 외국어 능력을 승무원의 중요한 자질로 꼽습니다. 하지만 승무원을 꿈꾸는 학생들 중에도 영어 울렁증을 가진 분들이 꽤 많지요. 영어, 어떻게 준비해야 할지 알아봅시다.

다양한 한류 열풍에 힘입어 한국이 관광 상품화되면서 최근에는 더 많은 여행객들이 방문하고 있습니다. 이런 사정인 만큼 항공사에서는 외국어 능력을 갖춘 승무원을 채용할 수밖에 없어요. 응대해야 하는 승객들이 반드시 한국어를 사용한다는 보장은 없으니까요. 따라서 실제로 많은 학생들이 승무원이 되는 데 필요한 영어 실력을 갖추기 위해 불철주야 노력하고 있지요. 외국으로 어학연수를 떠나기도 하고, 잘 가르친다고 소문이 난 학원을 찾아다니기도 합니다.

그러나 외국어 능력을 향상시킬 수 있는 가장 큰 열쇠는 '꾸준함'입니다. 목표를 확실히 세우고 자신의 부족한 점이 무엇인지 먼저 판단한 다음 이에 걸맞은 공부법 계획을 세워야 하지요. 예를 들어 문법에는 강하지만 직접 말하는 데 어려움을 느끼는 친구들이라면 영어회화 학원에 다니면서 말하기 연습을 꾸준히 해야 합니다. 노력하는 자를 이길 만한 천재는 없다는 말, 여러분도 잘 알고 있지요?

면접 답변지로 말하기를 훈련하라

실력을 키울 수 있는 가장 효과적인 방법은 '면접 답변 만들기'입니다. 사실 외국어 능력을 높이는 데 이만 한 방법은 없습니다. 앞에서 언급했다시피 외국 항공사를 지원하는 친구들이 많이 늘어나고 있는 추세인 데다가 항공사마다 여러 절차가 있으므로 이를 통과하려면 철저하게 준비해야 합니다. 특히 외국 항공사에서 치러지는 파이널 면접 즉, 면접관 일대일 최종 면접에 심혈을 기울여 대비해야 합니다.

최종 면접에서는 지원자의 이력서에 나와 있는 항목들을 세세하게 물어보는데요. 면접관은 지원자의 경험을 토대로 "저 사람이 우리 항공사에서 잘 적응해나갈 수 있을까?"에 해당하는 자질들을 봅니다. 그렇기에 질문도 매우 다양합니다. 지원자가 준비해야 할 항목이 대략 50가지가 넘을 정도로요. 따라서 지원자들은 이러한 질문에 대한 답변지를 만들어가는 과정을 통해 자연스레 영어 실력을 향상시킬 수 있습니다. 특히, 승무원을 지망하는 학생들은 아무래도 이 과정 자체가 실제 면접과 바로 연결되므로 재미있게 공부할 수 있는 방법이라 생각합니다. 미리 답변을 만들어 일찌감치 면접에 대비하면서 영어 실력도 향상시킬 수 있다면 일석이조 아닐까요?

본인에게 맞는 영어 공부법을 찾아라

이 외에도 영어를 즐겁게 공부할 수 있는 방법은 여러 가지 있습니다. 많은 친구들이 좋아하고 효과가 있는 방법은 영어회화 모임에 정기적으로 참여하는 것인데요. 영어회화 모임에 가면 언어를 교환할 목적으로 나오는 다양한 국적을 가진 외국인 친구들을 만날 수 있습니다. 친구도 사귀고 우리와 다른 문화를 배우면서 자연스럽게 외국어를 배울 수 있으니 꼭 참여해보세요. 한편으로는 좋아하는 영화나 외국 드라마를 통해서 일상생활에서 사용하는 외국어를 배울 수도 있습니다. 요즘은 미국 드라마나 영국 드라마를 감상할 수 있는 채널이 활성화되어 있으므로, SF든 로맨틱 코미디든 자신의 취향에 맞는 드라마를 선택하여 꾸준히 듣고 말하는 연습을 병행한다면 반드시 성과를 거둘 수 있을 거예요.

결국 외국어 능력을 향상시키는 포인트는 다른 무엇보다 하루 빨리 본인이 좋아하는 방식을 찾는 데 있습니다. "나중에 하지 뭐!" 하면서 무작정 미뤄두지 말고 자신이 목표로 삼은 꿈을 위해 지금부터 천천히 실천해나가면 좋겠지요?

영어 회화 공부 팁

• 영어 듣기 평가를 연습할 때, 들리는 문장을 같이 적어보자.

• 영어 책에서 나오는 문장들을 큰소리로 읽어보자.

• 영어 단락을 읽은 후, 영어로 한 줄 정도로 요약 정리해보자.

• 영어 일기를 써보자.

• 해외에서 만든 회화 책『side by side』처럼 연습할 수 있는 교재를 적극 활
  용하여 공부해보자.

• 하루에 영어 단어를 하나씩만 외워보자.

• 좋아하는 영화나 미드를 자막 없이 들어보자.

항공사 승무원을 꿈꾸는 친구들에게

저는 어린 시절부터 항공사 승무원을 자연스럽게 꿈꾸었고, 목표한 바를 위해 꾸준히 실천한 끝에 다행스럽게도 현재까지 이 일을 하고 있습니다. 막연히 승무원을 꿈꿨을 때만 해도 "어떻게 해야 승무원이 될 수 있을까?"에 집중했었는데요. 막상 승무원이 되고 보니 제 적성과 직접적인 관련이 있다는 것을 알게 되었습니다.

항공사 승무원의 자질 중 가장 중요한 것은 '팀워크'입니다. 승무원 본인뿐 아니라 항공사에서 일하는 많은 분들도 이것을 가장 중요한 자질이라고 생각하는데요. 그것은 비행이라는 업무 자체가 한 사람의 힘으로는 절대 이루어질 수 없는 일이기 때문입니다. 비행기 제작부터 시작해서 운행에 이르기까지 비행 한 번 하는 데 들어가는 노력을 감안하다면 정말 대단한 일이거든요. 기내에서 팀을 이루어 일하는 승무원들은 특히 학생들이 조별 과제를 하는 것처럼 매 비행마다 팀에서 맡은 바 역할을 충실히 해내야 합니다. 또한 팀워크를 잘해내려면 승무원 개개인에게 투철한 책임 의식이 필요하지요. 본인이 맡은 업무를 남에게 미루거나 누군가 대신 해줄 수 없기 때문에 면접관들 역시 지원자들을 채용할 때 "이 사람이 과연 온전히 자신의 역할을 잘 해낼 것인가, 동료들과 잘 협업할 수 있을 것인가?"를 염두에 두게 되는 것입니다. 또한 승무원은 여러 가지 상황이 발생하는 과정에서 의사소통 능력을 충분히 발휘할 줄 알아야 합니다. 의사소통 능력 또한 승무원에게 반드시 요구되는 자질이니까요.

여러분, 승무원이 되고 싶나요? 하늘을 날면서 멋진 비행을 하고 싶나요? 승객들을 안전하게 보호하고, 최선을 다해 친절하게 서비스할 의향이 있나요? 어떤 상황 속에서도 침착함을 잃지 않고 평상심을 유지할 수 있나요? 만일 여러분의 꿈이 확실하고, 이러한 자질들을 두루 갖추고 있다면, 지금부터 꾸준히 노력하세요. 좋은 자질을 장점 삼아 극대화하고, 승무원에게 어울리지 않는 점이 있다면 극복하려 노력해보세요. 그러면서 틈틈이 어학 공부도 하고, 교양도 쌓고, 승무원이라는 직업에 대한 이해도를 꾸준히 높여간다면 여러분에게 기회의 문이 활짝 열릴 것입니다. 내일의 승무원을 꿈꾸는 여러분을 응원합니다.